U0085413

滄海叢刊

透視大陸

政大新聞研究所主編

1990

東大圖書公司印行

國立中央圖書館出版品預行編目資料

透視大陸／政大新聞研究所主編 - - 初版 - -
臺北市：東大出版：三民總經銷，民79
面；　公分 - -（滄海叢刊）
ISBN 957-19-0037-0（平裝）
ISBN 957-19-0036-2（精裝）

1. 中國—歷史—民國38年（1949—　）
628.7

© 透視大陸

主　編　政大新聞研究所
發行人　劉仲文
出版者　東大圖書股份有限公司
總經銷　三民書局股份有限公司
印刷所　東大圖書股份有限公司
地址／臺北市重慶南路一段六十一號二樓
郵撥／〇一〇七一七五－〇號
初　版　中華民國七十九年四月
編　號　E 54081
基本定價　叁元壹角壹分
行政院新聞局登記證局版臺業字第〇一九七號

透　視　大　陸
編號 E 54081
東大圖書公司

ISBN 957-19-0037-0

前言

在四十年的隔絕之後，臺灣地區的人民隨著政策的開放，興起了一股大陸熱。相對地，過去只出現在「匪情版」之下的大陸資訊，也陡然增加。資訊的增加有助於我們對海峽對岸的了解。但是中共統治下的大陸並非由今日始存在。過去四十年當中，這個世界上最大的中國人社會究竟是如何地演變？未來的展望又是如何？對於「林」欠缺概念，我們對每一棵「樹」也難有確實的詮釋。

這本書企圖由政治、經濟、法律、生態保育、文學、思想、電影、軍事與社會各個層面，介紹過去與現在的大陸。此外，由於香港居民過去與大陸往來密切，經驗亦足堪借鏡。

這是一本由專家寫給一般人看的書。

書中的論文均曾在民國七十七年國立政治大學新聞研究所與太平洋文化基金會所共同舉辦的一項「新聞工作人員研習會」中發表。會中學員所提部分問題，也經整理一併刊出。

目　次

中國大陸的經濟概況

張五常

要明白大陸的經濟情況不容易，因爲各地區各有特色，而中共的政策並不明顯，領導人的開放程度也不相同，更有些人是言論開放，行爲保守，有的又正好相反。不但我們置身其外的人分辨不出，就是中共的地方幹部也一樣弄不清楚。例如溫州的自由市場就做得很好。純從經濟政策看，溫州比臺灣還自由。福建泉州、珠江三角洲及東莞一帶也很開放。

在深圳一帶，人民幣匯率照黑市價格計算，市場上賣一雙鞋有兩種標價，一爲港幣，一爲人民幣，稍留意一下會發現匯率是黑市匯率，比方價格寫明港幣一百元，人民幣七十五元，而官價匯率是一百比四十七，這一百比七十五就是黑市匯率了，在深圳的國營公司都可以這麼做。相較之下，上海與北京就較爲保守，那些地方還有價格管制，買食物還需用糧票。

又如到餐館吃飯或到歌廳聽歌，在南方都照黑市付錢，北京就無此自由，按規定本地人用人民幣，外地人用外匯劵，就算有黑市買賣也避諱很多，不如南方那樣公開。

不同地區幹部又有不同的開放程度，即使同區、不同機構也態度迥異。同在浙江省，杭州保守，溫州開放，但杭州有一家工廠的負責人卻又很開放，一見到我就嚴厲地批評政策；杭州的絲品工廠又很保守。所以就中國大陸來說，其開放程度、發展快慢，北京雖是影響因素之一，更不可忽略地方因素。

造成這種差別的原因在於北京的決策往往有管不到的地方。溫州的例子最明顯，溫州到杭州坐巴士要十六個鐘頭，路崎嶇難行，八十多歲的老人家不容易去那麼遠。少有中央的管核，因此經濟搞得很活。

溫州和北京是完全不同的典型。溫州沒有基本建設，因爲中央不給錢，沒有鐵路也沒有飛機場，但市場很蓬勃，較低級的工業發展得很快，比如鈕扣、電器用品的生產十分發達，產品品質很差，主要內銷，溫州就派出大批經紀人到全中國各地推銷產品，有些溫州人甚至自開財務公司，自由市場隨處可見。表面上北京強過溫州，北京道路寬大，基本建設好，但北京人民一般收入遠比不上溫州，晚上七點以後，簡直找不到小吃的地方。在溫州，晚上十一點以後吃飯的地方還很多。

經濟特區的發展也是殊異，通常特區不是那麼好。所謂特區就是政府給予特別優待，在某些方面放鬆一點，但在另一方面也受到特別監視，不是那麼自由，所以有所謂「特區不特」的說法。蛇口特區就是一例。

蛇口是一個新工業區，得到北京的特別關注，想把它建設成一個工業烏托邦，房舍井井有條，路邊每隔十公尺有一顆樹，福利也受到重視，有工人及經理宿舍、有餐廳、有醫療設施，但管制也很多，規定工資、管理人員數額等等，管到後來沒有人願意去。

蛇口到了晚上簡直就是一座死城，六點半熄燈，一片漆黑，沒有夜生活、沒有娛樂，也沒有小吃攤。這可能是因爲七八十歲的老幹部希望工人早睡早起，淸晨六點起牀跑步，晚上六點上牀睡覺。但是新興工業區怎能這樣管理？

厦門特區也差不多，工廠井然有序，但很多是空的。房舍再漂亮也吸引不了工人，他們希望住到自由熱鬧的地方去。

北京的例子也是非常明顯。一個國家在發展初期物價應該很便宜，臺灣在五〇、六〇年代如此，日本在五〇年代、香港在五〇、六〇年代也是如此。但在美國的排行榜上，外商的生活費用最高的是北京，東京排名第二。以中國大陸的生活水準，應排名最尾，憑什麼去北京做生意是世界最貴的？這是政府左管右管的結果。北京平地很多，政府卻不准建築，在北京給外人用的辦公大樓租金比臺灣貴得多，買車則更貴。

大陸之所以各地展現不同特色，是因爲中共的中央政策不很明顯；有些地方影響得到，有些則鞭長莫及。不過大致上我個人對大陸開放的情況是樂觀的。一九八一年我在英國發表一篇文章，題目是『中國會不會走『資本主義』路線』。當時的結論是大陸一定會朝近於私有財產這個方向去發展，很多人都認爲不可能；一九八三年我預測國家職工制度會崩潰，那時也沒什麼人相信，現在已經開始崩潰了；一九八六年我猜測中共會出售土地，第二年大陸已經開始拍賣土地；目前雖然中共的經濟學家堅持五十年內都不會取消外匯管制，但是依據我去年的推測，恐怕在五年、或更短的時間內社會變爲有名無實。

研究經濟要關照全面，我認爲現時大陸承受的經濟壓力是很大的，如果在第一方面變了，第二方面也變了，第三方面是一定要變的。所以要從整個的發展看出那一方面要變並不困難。也因此我不相信中共有足夠的資源走回頭路；事實上就算要走也很困難，因爲要把那些嚐到甜頭的人拉回來，要花費很多的資源。

就以管制價格爲例，在國營市場只要交待一聲就成了，現在在私營的市場上，多用幾十倍幹部也管不了，道理很簡單；比如賣魚可能要賣十元一斤才划算，政府偏偏規定賣三元，對賣魚的人來說，魚不是他的，是國家的，賣多賣少無所謂，顧客大排長龍也視若無睹。但如果是個體戶，每天早上他得五點起牀，踩十幾公里的腳踏車到農村買魚回來，市價要賣十元，逼他賣三元是不可能的。在自由市場中，根本上基本權力結構就已經改變，也不可能再走回頭路。

不久前北京缺猪肉，因爲北京管制比較容易，一管制馬上就沒猪肉吃了，但同時卻有四千多頭猪從北方偸運到香港，在海關被截住。遠離首都的東莞一帶就天高皇帝遠，要多少豬肉有多少猪肉，政府根本管不到。

近年來大陸基本產權結構已發生變化，八二年開始實施「包乾到戶」，八三年農地可以轉讓。合約的年期往往有差別，但是接近百分之九十以上的農地都有承包合約，這是一個近於私有產權的制度，雖不完善，但大致方向相同。若取消承包制度，不是引發暴動，就是鬧大飢荒，北京領導人再愚蠢也不會這樣做。

事實上，北京一些領導人的確非常開放。我對趙紫陽的評價很高；這麼多年來他的政策沒有錯過，他能在這麼多反對派保守人士包圍下有此作為，並不簡單。我認為將來中國歷史對他會有很高的評價（編者註：趙紫陽已於六四大屠殺後下臺）。

兩、三年前，大陸最大的危機是步印度的後塵，也即「分類管制」，某一類官員有管制某一類項目的權力，如進出口，有些人管女人的手提袋，有人管男人的手錶，有人管音樂器材，弄得每一個官員都在某一種類上貪污，各有各貪，井水不犯河水。到了那種地步就很難改進了，印尼、巴拿馬也有此現象。最近看來大陸走印度道路的可能性仍存在；關鍵是改革要「快」；寧願中共的政策朝令夕改、前進兩步退一步，也比固定不動好。兩個月前大陸修憲，很多人批評憲法不清楚，但是現在不是把憲法訂得很清楚的時候，待改革好再寫明白還來得及；另方面看，不修憲也不行，因為憲法上明訂所有資產都屬於國家的，與當前一些地方的發展已經完全脫節。

一九八五年後中共要收回對外貿易權的時候，深圳一帶變成死城，但這九個月來深圳又變得非常活潑。大陸體制改革過程中，一定會有混亂的情況，但是目前來看，寧願它混亂而改變快，因爲這樣發生分類管制貪污的機會就不會那麼大：地方與地方有競爭、幹部與幹部間有競爭、貪污對貪污有競爭、高幹子弟對高幹子弟也有競爭，在這種情況下，大陸的前途才比較樂觀。比如蛇口工業區管制很嚴，生意就被東莞搶走了，東莞是個不毛之地，除了臘腸外不知還出產什麼，但一個名不見經傳的東莞聚集到的外資比大陸任何地區都多。

再就外匯管制來說，過去只有一個「中國銀行」代表「人民銀行」在香港解決外匯問題。從香港匯錢進大陸必須經過它換取人民幣，「中國銀行」把錢轉給大陸的機構公司是以官價人民幣支付，通常給八成人民幣、二成外幣，賺得很多。所以「中國銀行」不准其他人炒黑市，它炒可以；後來「人民銀行」堅持索還權利；一九八五年「經貿部」也插上一腳。政府三、四個部門去爭，弄得出入口單據每張都有六份拷貝。最近四、五年地方政府也吵著要分一杯羹，外匯「調劑」變成地方政府本身來炒外匯。

從外匯的例子看出，本來「中國銀行」、「人民銀行」插手，接著「經貿部」插手，最後地方政府也插手。現在官價匯率是一百港幣對四十七元人民幣，黑市是一百比七十五，但在外匯調節中心（其實就是黑市中心）是一百比六十五；競爭的結果是外匯管制開始搖動，有崩潰的跡象。這對大陸的改革是有益的。

中國大陸的改革是從基本結構上開始，在混亂當中卻沒有放慢腳步。以房地產交易爲例，深圳和上海都已開始賣地，除了官方仍不用「賣地」這個字眼，其他都已放寬：起始外國人不准買，只有本地公司可買，現在外國人已可以買了；以人民幣交易的規定也取消了，因爲幾百萬外幣買黑市人民幣犯法犯得太明顯，如果指定官價匯率又有誰要來買？所以現在上海乾脆指明支付外幣，給美金，而原本規定只准賺取百分之十五利潤的限制也撤消了。目前還留下一個規定：一定要房子完工才准賣地。

由此可以看到馬克思思想在大陸節節敗退，現在外匯管制也節節敗退了。

當前工商承包制是很重要的問題。農地承包很容易做；承包給農民，收成抽成給政府就可以了；工商業就麻煩很多，因爲房子設備會耗損，而且工商業產品推陳出新，非常複雜，如何做承包呢？

大陸工商承包制有所謂「兩保一掛」，兩保是：擔保要拿錢出來做研究和投資、以及保證政府利潤；一掛是：工資的增加和利潤的增長要掛勾，比如利潤增加百分之十，工資要增加百分之六到八。

「兩保一掛」引出很多爭議和糾紛，因爲做生意很難提出保證，而公司個別情況不同，利潤有時多有時少，有時先虧損一點再大賺一筆，因此承包工廠和政府產生很大的衝突，因爲資產都屬於政府，不論經營得多麼好，所得還是受到嚴厲的規限。

針對這個問題，我的建議是：賣掉所有的承包公司。現在中共已考慮把虧本的公司賣出去。

成功的承包公司，大都有政府保持它的壟斷權，但是這種因壟斷而有利潤的公司，對大陸整體而言沒好處。解決之道，是把資產的淨值以錢計，承包公司等於是向國家貸款，每年、或每月向政府攤還利息。這就好似向銀行借錢買車，名義上車是屬於銀行的，銀行是合法車主，但對這輛車並沒有使用的權利，只要按時收息，銀行不能過問車子的事。中共若採行這個辦法，就要取消「兩保一掛」，每一個公司自行負責員工的升遷獎懲，而政府也把股權分給表現好的職工。

現在中共當權者也明白這些困難，但是有壟斷權的公司很難改革。例如北京的「首都鋼鐵廠」，政府不允許有競爭，鐵的來源也不讓別人插手。在重重保護下，工廠當然有利潤，令人誤以爲這個廠做得很好。因爲有特權的人要維護他們的利益。這方面的改革很困難。

大致上來說，大陸的經濟發展比八、九年前所預想的要快，沒有人能在那時想到中國大陸有這樣的成績。現在在中國大陸，要批評很容易，講不通的事太多了；黨裏墨守成規、老氣橫秋、言不由衷的幹部還是很多，但是也有不少幹部的權力已節節敗退。在七、八年前，外人到廣州要找好的地方吃飯，一定要有人事關係才行。很多幹部卻每晚大魚大肉、作威作福。現在有好多幹部退了休，或向商業發展，權力都已經沒有了。

當然現在北京還是有很多幹部在講官話，要寫一本書批評大陸是很容易做到的事，但一個社會的改革是整體的，我們應該從歷史的角度去看，並且承認中國大陸的體制轉變是值得樂觀的。

〈問答〉

問：臺灣與大陸經貿關係日益密切，請就臺灣對大陸貿易提出建議。

答：撇開政治不談，臺灣跟大陸是很理想的貿易伙伴，因爲彼此品味相同，成本不同。我在大陸看到鄧麗君的錄音帶、瓊瑤的小說等產品，賣給大陸比賣給美國容易得多，需求有類似的地方。我有一次看到臺北的手工藝品，不如大陸貨便宜又漂亮；比如中藥、當歸等藥材，大陸都便宜許多。

但政治是很大的問題，中國人被政治騙了幾百年。

臺灣與大陸貿易開放的話，我擔心臺灣會變成保護主義，火鷄事件就很明顯。香港在中間倒是有利可圖，我建議香港政府把所有限制取消，把臺灣人民當作美國人民一樣，可隨意來港。

另一方面，就臺灣來說，三年前我不是很熱心贊成商人到大陸投資，因爲賺錢的機會不是很好，現在我的看法有些改變了，到大陸投資開始看好了，愈來愈多人賺到錢。

不要認爲這樣就沒有問題，問題很多，太容易的話大家都會去做。還有很多問題待解決。尤其這一兩年大陸剛剛在轉變的時候，小投資去投石問路是可以的。

大陸的工資分很多級數，訂有一張表，各地不同，城鄉也不同，按等級給工資。職工則是按件計酬，但是有一個上限，而上限又引出很多問題；許多工廠的工人寧可睡覺也不做事，因爲已經做到上限，做與不做都一樣。以前大陸工廠的午覺時間非常長，但現在只有北方還因襲舊制，南方已經沒有人理了。

現在南方的國營商店貨品都是跟著市價走，例如廣州自由市場的價格就完全沒有人管，因爲國營商店裏的貨要到農村去買，不出市價買不到。很多農產品在廣州一帶是沒有管制的，北方還有。工廠方面，原料有管制，是政府配給的，產品經政府賣出，但同時有些產品又可自由買賣，因此是雙軌制，十分混亂，這樣的制度不可能持久。

我們不可以忽略香港商人的影響力，也不能忽略以後臺灣商人的影響力，臺港商人是不理會價格管制的，否則就要去投資了。現在大陸要吸引臺灣，所以什麼都成。

像生產絲織品的工廠，如果臺灣商人去投資，大陸的國營事業就無法競爭。中國的絲很便宜，三十六元臺幣可以買一碼眞絲，而且是上等絲。但是花色、設計不好、品味不够現代化。若臺灣商人去杭州開一家絲工廠，引進西方口味，國營工廠必然無法與臺灣工廠競爭。

一個月前中共訂立法律，限制外人開絲工廠，不過這種保護措施可能是暫時性的。

問：若純粹從經濟觀點出發，兩岸貿易前途看好，但政治是一個不可排除的因素，您的看法如何？

答：我對政治沒有多少認識，也沒有興趣，中國人被政治騙了好多年。

許多政治的事可以避免，比如可以經過香港去做，直接和間接差不了太遠；另外一個辦法是成立商會，好像香港的中華總商會，透過商會與大陸接觸。

大陸現在還以「愛國」爲大前提，以統戰、統一爲大前提，「愛國」的含意不是那麼清楚，舉一個例子，現在香港好多人好愛國，前幾年罵大陸罵得不得了，現在都愛得不得了，因爲「你愛他就給你錢賺，你有錢賺就愛囉！」

大陸還存在有這種我們認爲是值得鄙視的想法，他們很可能也用同樣的方法對臺灣，結果在臺灣搞一批支持他們的人，無形當中，貿易就牽涉到政治層面去了。這是一個值得擔心的問題，所以臺灣這邊應該說：「商人不可參與到政治」。

問：大陸的經濟問題應如何解決？應用臺灣模式或資本主義是否可行？

答：我覺得應採行香港模式。臺灣是走日本的路，日本相當了不起，但日本的享受不及香港，物價貴得離譜。

問：您以香港那麼愉快的經驗預測大陸，是否忽略掉一些考慮因素，比如政治統治？

答：不要忘記中國人是非常能幹的，現在香港得意的包玉剛、李嘉誠，他們當年都是從大陸逃出來的難民，差不多在香港有點地位的都是從大陸出來的。

三年前我認爲大陸走印度模式的機率大於香港模式，現在看來還是有很多問題，連趙紫陽都不滿意，但它的改革並沒有慢下來。

中國大陸人口佔世界四分之一，在這樣一個國家執行開放政策，歷史上沒有試過，大陸究竟能否開放到像港、臺那個地步，不是單純它本身的問題，外面的影響很大。我認爲沒有香港的存在不會有今天的大陸，最明顯的例子是許家屯（新華社駐港負責人，即大陸駐港負責人），他從大陸到港後，幾年內改變了很多。

大陸每年有三、四十萬人到香港去看，所以我不認爲香港在九七年以後要怎樣去遷就大陸，情況正好相反。爲中國前途著想，我倒是希望臺灣有多一些人去大陸，不只爲賺錢，而是去影響大陸。

問：大陸方面聲稱海南島建省，二十年內趕上臺灣，請爲此說法做一評估。

答：應該不可能做到。

中共對海南島特別關注，一關注就慘了。海南島本身的困難也很多，基本建設差，人口少，我們當然希望它做得好，但若有差錯，（壹）百年也搞不起來。

問：中共「總書記」趙紫陽去年鼓吹推動所謂「國際大循環」，以發展大陸沿海地區經濟，請問此策略的可行性？

答：我個人認爲趙紫陽主要是把沿海當作一個經濟條件；他看到有些沿海特區發展得好，所以鼓勵朝這個方向努力。但在湖南、湖北也有些地區做得很好。我猜想趙紫陽是故意要放寬一些地方的限制，以好的成績迫使其他地區放寬，挑選沿海是因爲沿海很多條件比較好。

我認爲「國際大循環」其實就是外貿開放及搞高科技，利用自己的廉價勞力來搞，大陸術語是妙不可言的，叫「大開放」就不好聽了，所以就叫「大循環」。

激變的十年：一九七八至一九八八年大陸政局和政策的變化

丁望

在中共的歷史中，一九七八年到一九八八年，是鄧小平建立和鞏固「家長權威」的時期。這十年間，大陸的政局和政策反覆多變，但大體上趨向於改革。所謂改革，是與一九七八年前極度僵化的體制和政策相對而言，改革引起的社會震盪是相當激烈的。

本文分為三部分，第一部分描述十年來中共政局的反覆；第二部分分析政策上的變化；第三部分則展望今後大陸的政局。

一、中共政局的反覆

過去數十年來，中共內部存在於思想觀念、政見、利益、權力的衝突，往往演變成黨內激烈的政治鬪爭，並擴散到社會上，造成政局的反覆，和社會災難。

一九七六年的「十月事變」，四人幫時代宣告結束，但新的政治鬥爭接著又開始了；鬥爭的二方是文革既得利益集團和回朝當權派。前者以華國鋒、汪東興、吳德、紀登奎、陳錫聯爲核心，後者以鄧小平、陳雲、胡耀邦等爲代表。

從「十月事件」到一九七八年，是文革既得利益集團控制中共中央實權的時期；但從一九七八年開始，回朝當權派已展開全面的反擊。

從一九七八年到一九八八年，中共政局可粗略分爲兩大階段。第一階段從一九七八年五月「兩個口號」的論戰，到一九八二年九月中共召開「十二大」之前；繼續文革還是否定文革的路線政策，是政治鬥爭的焦點；在這期間，回朝當權派逐漸奪取中央權力，清除文革既得利益集團。第二階段，從中共「十二大」至一九八八年，鄧小平鞏固他在中共政壇的家長權威；回朝當權派控制了中共黨政軍，但這一派又分化爲兩派，一是經濟改革派，也即主流派，二是政治僵化派。在這期間，主流派推行了經濟體制改革，並嘗試在政治上作極有限度的改革。

一、第一階段的政治鬥爭

一九七六年「十月事變」之後，文革大動亂已結束，但中共大體仍推行文革的路線。在政治方面，華國鋒肯定文化大革命的意義，認定社會的主要矛盾，是階級鬥爭，繼續神化毛澤東並塑造新的神像（華國鋒），拒絕或拖延文革政治案件的平反；在經濟方面，繼續強化人民公社制度，推行農業學大寨，並發起了沒有經濟效益的「新躍進」運動。

華國鋒一派的政策，無法挽救文革造成的經濟危機，也使文革前當權的中共幹部難以復出。在文革中二次倒臺的鄧小平，直到一九七七年六月才復出，重任中共中央副主席、軍委副主席、國務院副總理、總參謀長；後來，他聯絡中共各方的力量（主要是中共元老和軍方實權人物），促成陳雲和一大批老幹部的復出，才積聚了全面反擊華國鋒一派的實力。

在回朝當權派看來，不推翻對於文革的正面評價，不推倒毛澤東神的神像，就無法對文革政治案件平反，讓文革前的當權幹部復出，因而也就難以清除文革既得利益集團，從而結束文革的路線政策，實行比較現實的政策，以化解政治經濟危機。

因此，一九七八年五月，回朝當權派發起了「兩個口號」的論戰。這一派提出「實踐是檢驗眞理的唯一標準」，以對抗華國鋒的「兩個凡是」；後者是指凡是毛澤東的決策、指示都要擁護、始終不渝遵循。回朝當權派卻認爲，所有的眞理（理論）、政策，都要在實踐中驗證，毛澤東過時的決定指示要變通、修正，不能再神化毛澤東。

由於中共黨政軍的宣傳工具掌握在回朝派手裏，所以，所謂「兩個口號」的論戰實際是對「兩個凡是」的批判。在這場宣傳攻勢中，鄧小平的主要助手——中共中央組織部長胡耀邦、中央軍委秘書長羅瑞卿扮演了衝鋒的角色。

這場宣傳攻勢，爲文革大翻案建立了基礎。一九七八年十一月，中共召開「中央工作會議」，中共元老、文革時期的倒臺幹部陳雲在會上發言，主張平反文革的政治案件；回朝當權派還批判了華國鋒、汪東興在「十月事變」後的左傾錯誤。

一九七八年十二月，中共舉行十一屆三中全會，回朝派佔了上風。會議決定，從一九七九年開始，黨的工作重心轉移到經濟建設；會議否定了「兩個凡是」的口號，平反了文革的一些重大政治案件，恢復陳雲的中共中央副主席職務，回朝當權派的幹部增補爲中共中央委員或政治局委員；會議還決定設立中央秘書長，由胡耀邦擔任，這是削弱華國鋒實權的一種安排。陳雲在中共老幹部中有政治影響，過去對中共經濟政策尤有影響，他的復出當權，以及胡耀邦控制中共中央日常工作機構，使中共中央的權力勢態發生了變化，華國鋒派開始受到排斥，華本人也步入了「政治黃昏」時期。一九八〇年，他被先後免去國務院總理職務，停止中共中央主席、軍委主席的職務，分別由回朝當權派的趙紫陽、胡耀邦、鄧小平接替；他的主要政治夥件也被逐出中共決策機關政治局，「回朝當權派」完全控制了政治局。

一九八一年六月，中共舉行的「十一屆六中全會」，通過一份決議，有系統的評估一九四九年以來的政策和政治案件，批判了毛澤東晚年的左傾錯誤。會議改組了中央政治局常委，胡耀邦正式接任中共中央主席，鄧小平、陳雲、趙紫陽、葉劍英、李先念和華國鋒任中共中央副主席。胡耀邦的中共「領袖」地位是虛的，實際的決策大權是操於鄧小平手裏；從一九七八年開始，鄧小平便逐步建立家長權威的地位，這種地位在這次會議中獲得了鞏固。

就在這第一階段中，農村的經濟體制改革逐漸展開。一九七八年，中共在一些農村試行包產到戶，讓生產隊或農民承包土地的種植產量，後來演變爲全面推行「包乾到戶」，實際是讓農民分田單幹，中共從中抽取類似土地租金的收入。

二、培植第三代推動經改

一九八二年九月，中共舉行「十二大」，改組中央委員會和政治局，回朝當權派清除了文革既得利益集團，華國鋒逐出政治局，胡耀邦任總書記（廢除「主席制」），但擔任中共中央政治局常委和軍委主席的鄧小平，才是最具家長權威的人。

在這次會議中，中共的第三代獲得了提升；他們是一九四九年後才成爲幹部的一批新秀，年齡多在六十歲以下，知識水準較文革時提升的幹部高，不少人還具有技術專業資格和經驗。

自中共「十二大」以來，實際負責中央和地方工作的是第二代和第三代幹部，第一代幹部已退居幕後。第二代的代表人物，是胡耀邦、趙紫陽、喬石、莫學謙等；第三代的代表人物，有李鵬、胡啟立、田紀雲、李錫銘、江澤民等。

六十歲的李鵬，是中共政治局常委和國務院總理。他是周恩來的乾兒子，早年留學蘇聯，是電力工程師，有經濟管理的經驗。他與中共第一代元老的關係密切。

比他年輕一歲的胡啟立，經中共中央政治局常委和書記處書記，主管「思想意識」的工作。

他是胡耀邦的親信，支持胡耀邦擴大變通馬克思主義的意見，是比較開放的改革派。與胡啟立同齡的田紀雲，現在是中共政治局委員和國務院副總理，主管農業，也參與財政改革，是趙紫陽從四川提拔的親信。

不過，第二代和第三代仍受制於第一代元老。

在培植「接班羣」的同時，農村的經濟體制改革繼續擴大，人民公社制度完全解體。城市的經濟體制改革，也逐步展開。

城市的經改從一九七九年便在一些城市試驗，後來慢慢擴大。一九八四年十月，中共正式作出改革經濟體制的決定。

城市經改的主要取向，是擴大地方和企業的經濟自主權，逐漸使政（權）企（業）分離；放寬計畫經濟的指令性控制，開放部分生產和價格的限制，由市場調節；調整產業所有制，在保留全民所有制（中共黨有制）和集體所有制之外，容許有限度的個體經濟的存在，開闢沿海經濟開放區，爭取外商投資。

文革既得利益集團的敗退，並不是中共內部政治鬭爭的結束。隨著經濟體制改革的逐步推行，中共內部政見分歧也漸漸擴大，回朝當權派也分化爲經濟改革派和政治僵化派；前者是中共的主流，以胡耀邦、趙紫陽、胡啟立、萬里爲核心，後者則以彭眞、王震、胡喬木、鄧力羣爲代表，鄧小平和陳雲則是在這兩派之上的中共「家長」。經改派主張擴大變通馬克思主義，加快經濟改革，開放有限度的個人僱工生產，並給予知識分子較「寬鬆」的環境；僵化派則反對擴大變通馬克思主義，抨擊私人僱工，主張強化對知識分子的思想意識控制，徹底批判「自由化」。

這兩派的歧見，使第二階段的政局時有反覆，經改的政策也搖擺不定。

三、啓蒙運動和「批自由化」

過去十年間大陸政局的反覆，不只在中共政治權力層面，在文化方面也體現出來。

一九七八年「兩個口號」的論戰，引起了大陸知識分子精英對文革和「毛澤東思想」的反思。一九七九年春天，北京學生有爭取民權的活動，以大字報表達追求自由民主的意願；有革新傾向的知識分子精英，則鼓吹清除「神權主義」，關心人的價值和權利。這兩種活動可以稱之爲思想啟蒙運動。

在思想啟蒙運動中，最有影響的知識分子精英是理論家王若水、胡績偉、薛德震、李洪林、張顯揚、郭羅基，作家劉賓雁、王若望，以及推展民權活動的青年魏京生、王希哲等。

他們的主要觀點，是要記取文革十年的敎訓，清除毛澤東式的神權主義，把人民從蒙昧中解放出來，並且正視「社會主義異化現象」。他們認爲，人本來應有的尊嚴、權利、利益、幸福，在專政之下消失了，便是「人的異化」；中共幹部本是人民的公僕，卻騎在人民頭上享受特權漠視人民的疾苦，也是「社會主義異化現象」。他們呼籲以人道主義替代神權專制，尊重人的尊嚴、權利、利益，讓人能發揮潛能。

基於推倒毛澤東神像和對抗華國鋒一派的需要，鄧小平起初寬容這些有革新傾向的知識分子。但一九七九年上半年，鄧小平卻提出堅持「四項原則」——堅持社會主義、無產階級專政、馬克思主義、黨的領導，並鎮壓民權活動的領袖，對知識分子精英則暫未下手。

一九八一年，鄧小平一派已削除了華國鋒一派的權力，便下令批自由化，王若水、劉賓雁、王若望、白樺等先後遭到清算。

在這以後，政局頗爲反覆。一九八二、八三年，中共對知識分子的言論控制略爲放寬。一九八四年，中共卻收縮言論尺度，發起「清除精神污染」的運動。

兩年之後，中共再度提出決策民主化科學化的口號，又鼓吹知識分子鳴放，所以有科學家方勵之在學生中推動民主運動，也有其他知識分子精英鼓吹民主自由和推展全面的政治改革；同年底，合肥科學大學的學生示威遊行，演變爲全大陸的學潮。鄧小平怕學潮擴大，便在一九八七年初下令鎮壓，並對知識分子再度發起「批自由化」，方勵之、劉賓雁、王若望被開除黨籍，胡耀邦也在鄧小平的盛怒之下失去中共總書記職務。政治局勢突然「左轉」以及王若望被抄家的事，造成人心惶惶。

一九八七年九月中共召開「十三大」，提出社會主義初級階段論，又決定繼續深化經濟體制改革。在會議之前，代總書記趙紫陽已把批自由化限定在某一範圍內；「十三大」之後，趙紫陽一派鼓吹擴大變通馬克思主義，以適應經濟體制改革的發展，所以略爲給知識分子「鬆綁」，批自由化也就不了了之。

中共政局和政策在文化圈的反覆，是受了中共內部政見和權力衝突的影響。另方面，中共對知識分子並不信任，一直是採取「利用——限制——改造」的政策。

二、政策的變化

十年來，中共的政策發生了相當大的變化，這些變化可歸納爲五個方面：一、階級政策的軟化；二、人民公社制度的廢除；三、對馬克思主義的變通；四、新經濟政策的全面推行；五、面對現實的彈性外交政策。

一、階級政策的「軟化」

一九四九年以來，中共在大陸實行無產階級專政（卽共產黨專制）：要長期製產階級和階級鬭爭。在私人土地、產業消失之後，中共還編造出地主、富農、資產階級，並把社會的主要矛盾解釋成無產階級與資產階級的矛盾，因而鼓吹以階級鬭爭爲綱，並且歧視、迫害五類分子（地主、富農、反革命分子、壞分子）和他們的家屬。

一九七八年十二月中共召開「十一屆三中全會」，階級政策得以改變。會中決議不能再鼓吹以階級鬪爭爲綱；一九八七年九月中共「十三大」提出的社會主義初級階級論，重申主要的社會矛盾不再是無產階級與資產階級的矛盾，而是人民日益增長的物質和文化需求同落後的社會生產之間的矛盾，因此社會主義的主要任務不再是階級鬪爭，而是發展生產力。

一九七九年，中共宣布取消右派分子的罪名，替一九五七年列爲右派分子的人平反，並安置他們工作；地主、富農的階級也消除了，原來被列爲地主、富農的農民不再是專政對象了。

階級政策的軟化，緩和了社會的階級仇恨，把民眾的力量逐漸引導到發展生產。但是，中共並沒有放棄無產階級專政，實行眞正的法治，只是縮小了專政的對象。

二、廢除人民公社制度

階級政策的軟化和人民公社制度的廢除，是大陸近十年來引起最強烈社會震盪的變化。一九五八年興起的人民公社，是一種農村政經合一的組織；它既是中共農村基層政權、又是農業生產的單位。它也是一種變相的農奴制度，農民成了失去人身自由的依附品，受公社幹部嚴密的控制；而幹部的殘暴、瞎指揮和貪污浪費，不僅使農民喪失自由，而且生產力降低、收入低微，生活貧困，六十年代初許多人死於饑餓。連中共「官方機構」和理論家近幾年也不否認這項事實。

中共「國務院農村發展研究中心」的發展研究所於一九八七年發表一篇研究報告，它認為「人民公社」制度剝奪了農民的財產權和身分自由，無法改變農村的貧窮，到一九七八年時，還有二億農業人口「尚不得溫飽」。它又說：

人民公社的口糧制度、工分制度和戶籍制度都朝著嚴禁農民流動的方向完備起來，農民被強制束縛於他們生身的土地；到了「用無產階級專政來辦農業」的年代，不僅農民改變社會身分的自由喪失殆盡，而且連怎樣當農民的自由也在相當程度上遭到剝奪。此時農民儘管「無產」，但絕不可能「像鳥一樣的自由」（引自北京《經濟研究》一九八七年第一期第四頁）。

一九七八年以來，各地農民要求包產到戶，中共為了緩和與農民的衝突，挽救農村經濟的衰退，不得不准許試行包產到戶。後來，農田「包乾到戶」，即農民分田單幹，人民公社制度便解體了，隨著分田單幹和多種經營的發展，私人僱工生產也出現了。

人民公社制度的廢除，使農民由「農奴」轉為「佃耕農」，租用所有權歸於中共的土地，承包中共規定的生產量。這種轉變，使農民的生產和生活較為自由。由於可以獲取個人經營的一些經濟利益，農民的生產效率也提高了，這是農村生產力得以逐漸恢復的原因。

三、馬克思主義的變通

中共重大政策轉變，大都牽扯到馬克思主義的變通，不變通馬克思主義，許多政策便無法制訂和推行。這十年來，中共對馬克思、列寧、斯大林、毛澤東教條的最大變通，是承認商品經濟在社會主義中的地位和功能。

按照過去共產陣營的理論，社會主義經濟是產品經濟，是生產可作統一分配的產品，而不是在市場上流通的商品。在計畫經濟體制之下，共產黨控制了產品的生產和分配，對作爲流通媒體的商品和貨幣功能加以限制，並把消滅商品和貨幣看成是過渡到共產主義的手段。

這種理論（主要受斯大林影響），造成了共產社會特有的物資配給制度，糧油肉糖及日用品幾乎都要憑供應票購買。在限制商品生產和流通政策之下，大型的生產工具如貨車，均列爲非商品，不准買賣，不准私人擁有。

一九七八年以後，中共對產品經濟論有所省思，一九八四年十月作出的經濟體制改革的決定，正式把大陸的社會主義經濟稱爲有計畫的商品經濟，即保留計劃經濟體系的控制手段控制，但開放部分商品由市場調節供求和價格。到一九八七年九月「十三大」提出「初階論」，更把發展商品經濟列爲社會主義初級階段必經的一個過程。

在理論和政策上，中共肯定商品生產和流通的社會功能，使大型生產工具也轉劃爲商品，可以買賣和私人擁有。這是私人經濟興起的一個基礎。

中共對馬克思主義的另一個變通，就是認定生產力是社會發展的最終決定力量，因而要允許有利於生產力發展的新事物存在。

一九八八年一月，中共召開宣傳部長會議，政治局常委兼書記胡啟立發表政策性的演說，他聲稱要破除對馬克思主義教條式的理解，「承認生產力是一切社會發展的最終決定力量，承認一切有利於生產力發展的東西，都是社會主義所要求和允許的」。

胡啟立的講話，是針對引起爭執的一些新事物，特別是允許私人僱工生產和經營——這種政策是違背了馬克思理論的兩大支柱：剩餘價值論和按勞分配論。

四、新經濟政策的全面推行

新經濟政策的全面推行，促進了經濟體制改革。

自從一九七九年以來，中共的新經濟政策逐步在大陸推行，它的理論根據，主要來自二十年代初列寧的新經濟政策。

中共的新經濟政策，相當廣泛也相當複雜，本文因篇幅關係無法詳細討論。除了前面提到的農村包產到戶——包乾到戶，城市經濟體制改革之外，特別值得一提的有下列幾點：㈠兩權分離——所有制的變革；㈡私人僱工——對資本主義有限度的寬容；㈢土地租讓——第二次土地改革。

中國大陸的產業，幾乎都是「全民所有」和「集體所有」，亦即所有權和經營權都歸中共或

「集體」。

在新經濟政策之下，所有權和經營權分離，這就有了農民土地承包（包乾到戶）制和城市企業租賃承包制。這兩年來，中共的「國營」企業，大都讓私人或「集體」（廠礦全體職工）承包，租賃者向中共承包生產（營業）額和利潤，換取企業的經營權和利益分配權。

租賃制使企業成爲獨立的經濟實體，改變政企不分和官僚主義的弊端，提高了經濟效益，中共從中獲取比「兩權合一」時更多的收益，租賃者的收入，也比當職工時強。

兩權分離和承包制，是私人經濟興起的催化劑。農民承包土地和職工租賃企業後，生產效率和經濟收益提高後，往往要擴大生產經營，這就有了僱工生產和經營的需求。在八十年代中期，中共只准農民或城鎮「個體戶」僱工八人以下，但後來私人企業發展起來，僱工人數大增，浙江溫州的私人僱工企業尤其多，並且發展成私營企業的「溫州模式」。

私人僱工生產，引起中共主流派和僵化派的爭執。但在主流派控制大局之下，僱工生產的私人企業獲准存在，僱工人數也不限制於八人以下。

一九八八年四、五月間的七屆「人大」，根據中共中央的決定修改「憲法」，使私人經濟有了合法的地位。

兩權分離不只產生了承包制和私人僱工，也促成了土地租讓交易。

中共的土地理論和政策，原是密封式的。在理論上，中共認爲土地不是商品；在政策上，中共控制了土地所有權和使用權，禁止土地轉讓和使用權的買賣。中共在農村實行包乾到戶之後，土地的理論和政策便面臨挑戰，土地分給農民「單幹」，是所有權和使用權的分離，但使用權並不可以轉讓或買賣；最近兩三年，農民承包的土地已經可以轉讓。

一九八七年冬，城市的土地政策也慢慢轉變，土地使用權已被視爲商品，可以出租、轉讓和買賣，上海浦東還設立所謂的新租界，中共計畫將那裏的土地使用權公開拍賣，讓本地公司和外國商人購買，換取五十年左右的使用期，並享有經營、轉讓、買賣的權利。

農田和城市企業承包制，私人僱工生產，土地租讓，使大陸的部分產業經營半私有化，這是新經濟政策最大的突破，也是對社會主義公有制的疏離。

三、對今後政局的展望

繼續推行經濟體制的改革，發展社會生產力，相信是今後大陸社會發展的大方向，但中共內部存在的觀念和政見分歧仍相當大，特別是開放私人僱工和城市企業承包，會不會造成資本主義復辟和貧富兩極分化，爭執尤其大；對於馬克思主義變通的幅度，也有很大的爭論。這些分歧和利益集團之間的衝突，可能使中共的政局和政策有反覆。

新經濟政策刺激了生產力的發展，一部分有經營能力和機會的人富起來了，私人企業的僱員收入也比較好，這將帶動社會的消費，有利於商業和其他服務業的繁榮。不過，新經濟政策難以擺脫計畫經濟的控制，市場經濟也就不可能出現。

　中共堅持四項堅持，排拒自由民主的制度，家長專制權威體制影響決策，鄧小平「拍板定案」的格局難以改變，幹部的特權主義根深蒂固，社會法治化自由化和政治民主化也就難以實現。經濟的改革，有賴人的素質。目前，大陸的教育不普及，十二歲以上的人口中，文盲和半文盲佔了約三分之一，中共對教育的投資仍無大改善的跡象，輕視知識和知識分子仍是社會普遍的心態。這種狀況，妨礙了政治觀念的更新，不易培植社會法治和政治改革的基礎，也影響經濟建設。而幹部享有特權，以權謀私利和貪污勒索相當普遍，也是阻礙社會進步和經濟發展的主要因素。

〈問答〉

問：請問中共與蘇聯的關係目前已經發展到什麼階段？對中共的對臺策略又有什麼影響？

答：一九七九年之後，中共實行彈性外交，最重要的變化是對蘇聯實行政經分離，現在雖然還沒有恢復黨與黨之間的關係，但已經儘量改善政府間的關係。

　共產國家之間通常有兩層關係，一是黨與黨的關係，一是國與國的關係。目前中共與蘇共的政黨關係還未「正常化」，但經貿關係有很大的發展。

根據鄧小平的說法，中共與蘇聯的關係正常化要消除三大障礙，一是撤出中蘇邊境的軍隊，二是從阿富汗撤軍，三是越南從柬埔寨撤軍。障礙一旦撤除，鄧小平願意與莫斯科談判。中共與蘇共也就會恢復黨與黨的關係，但不會恢復到五十年代一面倒的情況。

現在外交的情勢正在變化，蘇聯已從阿富汗撤軍，越南撤軍只是時間的問題，中蘇邊境對峙的情形也在緩和，所以我相信，中共與蘇聯的關係會改善。假如中蘇關係改善，美國的籌碼也會改變。季星吉整個的設計是以中共牽制蘇聯，維持東北亞的均勢；如果中蘇關係正常化，中共與美國的關係就不會像過去密切。另外中共也與周圍國家改善關係，例如與北韓、日本、南韓的關係都在發展中，與菲律賓的關係也不錯。

我認爲中共對臺灣有一種弧形戰略。一是對外改善外交關係，從西伯利亞到海參威、東京、平壤、漢城、然後到馬尼拉，這一弧形地帶的外交形成爲非對抗狀態。弧形戰略的第二點是沿海的黃金海岸計劃，從山東半島到南沙羣島，實行有限度的開放政策，從中吸納了資本主義的企業管理方法，也吸納了臺灣經驗。中共要發展黃金海岸計畫，目的之一是想建立較富裕的地區，使它成爲海峽兩岸的政治經濟緩衝地帶，以配合「統一」的推進。中共與蘇聯改善關係，則減少了它可能攻臺的後顧之憂。

問：請問你對統一的問題看法如何？

答：我認爲統一是很長遠的事情，也許我們這一代看不到，也許再下一代也看不到。統一不應勉強，也不能太急。從香港的利益來說，臺灣的存在提高了香港的價值；因爲有臺灣，中共接管香港之後，才會對香港客氣一點。從香港人的觀點來說，海峽兩岸暫時的分立，沒什麼不好。臺灣的經驗，有助大陸的經濟發展；北京政權的存在，也可刺激臺灣繼續改革。和平競賽，比戰爭要好。

現在還沒有一個統一的模式，是海峽兩岸都可以接受的。中共的統一前提是一國兩制，使臺灣成爲地方政權。臺灣講三民主義統一中國，其實三民主義就是自由、民主、均富，但是中共無法接受。所以單從這兩個模式或方案，統一是很困難的。

「統一」的困難，還在於兩岸生活水準的懸殊。中共計畫在二〇〇〇年使國民生產總值的每人平均數達至八百美元，到那時候臺灣的GNP已達一萬數千美元。儘管中共希望縮小經濟差距，但不會等到差距縮小到很接近才解決「統一」。

中國的統一，必須使人民獲得自由、平等、法治、民主和幸福；現在，大陸人民並未享受到這些東西，因此中共以武力或「統戰」方式去「統一」臺灣，很自然會受到熱愛自由和民主的人士（包括香港居民）的排拒。

問：近年來中共的留學生人數日增，請問他們對大陸會造成影響嗎？

答：現在中共當權的第三代，大部分的年齡在六十歲上下，大都曾經留學蘇聯和東歐國家。他們擔任中央或地方的職務，對於蘇聯和東歐的經濟改革、政治改革比較了解，也比較希望吸收這些經驗。

至於留美的學生要回到中國大陸能夠當權，或者是在科學、技術、企業界有影響力，恐怕最少要十年之後，十年之後對決策能不能夠有大的影響力，還要看政局的變化。不過，這批留學西方的知識分子對社會的觀念影響卻會很大。只要看看大陸近幾年社會科學的雜誌，會發現這批留學生已經在影響觀念更新。這種影響將來或可能影響中共的決策。

問：很多人認爲趙紫陽在中共的領導人當中，是最出色的一位，也是推動經濟改革的主要人物。他在中共政治權力中的地位究竟如何？

答：趙紫陽在中共政權裏扮演非常重要的角色，重要的因素有好幾點，一是中共的權力結構決定他的重要性，因爲他是中共中央政治局常委和總書記。二是他的經驗；他的資歷是比較全面的，在一九八〇年前一直擔任中共的地方職務，曾任廣東省委書記與四川省委書記。這兩個省很重要，廣東對外開放，四川則有一億人口，佔中國大陸總人口的十分之一。後來他調升爲國務院的副總理、總理。他具有中共地方黨委和中央政府的經驗，這種經驗決定了他的角色重要性。三、趙紫陽具有開拓活力。一九七九年中共尚未正式推行包產到戶之前，他便在四川先推行包產到戶，然後分田單幹；這在過去是很大的罪名，他在中共中央沒有決定之下能够推動是很難得的。此外，一九七九年他在四川實行企業改革，也就是城市經濟體制改革，允許企業擴大自主權。趙紫陽推行、試驗這兩個改革，積累了經驗，而且證明這些改革是好的。他到中共國務院之後，也有一系列的改革。趙紫陽地位的建立與經濟改革有很大關係，假如改革路線改變了，他的地位就會動搖。

在理論上，中共決策權是在中共中央政治局，中央政治局過去不常開會，所以實際參與決策的是中央政治局常委那五、六個人。但中共的決策其實還是家長權威化，最後的決定權是在鄧小平手上。這就是說趙紫陽對決策有影響，但沒有最後的決定權。而鄧小平在中共中央並沒有任何職務，他不是政治局委員，只是軍委主席。處於「太上皇」地位。

問：請問你對香港前途的看法？

答：香港有明天！對於中共的「一國兩制」和「高度自治」的承諾，大多數香港人沒有信心。本來，香港政府有讓立法局議員直接選舉的計畫，但在中共壓力下取消了；香港社會民主化的步伐受束縛，使港人不敢想像有明天美好的前途。所以，許多專業人士和較富有的商人已移居外國，或正在安排移民。

香港人習慣了自由的生活，對九七大限的到來是無可奈何。中產階級專業人士能走的三年或五年內都會走，並且帶走一批資金，對香港的經濟中有很大影響。

問：中共最近積極建設海南島，你認爲成功的機率如何？

答：海南島獲充分授權，自主權甚至高過深圳特區，但開發要有基礎建設，目前海南島的基本設施太差了，需要大量投資，中共本身沒有資金，只好吸引外來資金，特別希望臺灣商人來投資。香港人轉移了一些勞力密集工業到海南島，但不會投資技術密集。此外，建設還要人才，大陸教育落後，海南島也不例外，缺乏技術和管理人才。

後記

本演講稿發表於一年前，一年來大陸政局又發生了很大的變化。八九民運的浪潮，衝擊了社會各階層，鄧小平集團的六四「北京大屠殺」雖然扼殺了民主運動，使大陸陷入恐怖黑暗時代，但民主之花並未在人們心中熄滅。

一九八九年的民主運動，是從二、三月間的「人權簽名」活動漸漸發展起來的。當時，北京知識界的民主精英分子方勵之、蘇紹智、王若水、李洪林、張顯揚、許良英、戴晴等發起「人權簽名」，呼籲中共釋放因七九「北京之春」民運而入獄的魏京生等政治犯，確保他們的基本人權。

儘管中共對「人權簽名」採取恫嚇的手段，但知識界的民主精英和大學生爭取自由和民主的期望卻在升高。四月中旬，熱心改革和比較開放的中共前總書記胡耀邦病故，北京大學生湧到天安門廣場悼念他；不久，「悼胡」活動發生「移情投影」——學生把悼念胡耀邦之情，轉移到反專制主義爭民主的遊行請願和絕食，各地學生和羣眾紛紛上街聲援，促成了全民民主運動的高潮。這是中共統治大陸四十年來，家長專制權威受到最大挑戰的一次。八九民運的出現，並不是偶然的；它是七十年代末「思想啟蒙運動」和八六學潮的延續，北京的大學生和知識界民主精英扮演了重要的角色。

八九民運的主要政治訴求，一是反對專制主義，推行政治改革，實行自由、民主、法治；二是反對幹部特權和腐敗，肅清貪污和「官倒現象」；三是確保人民享有「憲法權利」，特別是基本人權，言論和新聞自由。

八九民運發生的社會誘因之一，是經濟體制改革的「深化」，使傾向於改革的幹部和知識分子迫切期待政治體制改革的起步；他們認爲，只有推行政治體制改革，才能更深入和徹底改革經濟體制，並且避免經改的停滯或倒退。

另一個誘因，是知識界的意識覺醒。長期的專制主義的生活體驗，西方思潮的傳入，東歐特別是波蘭和匈牙利政治改革的發展，以及「臺灣經驗」的傳播，促使知識界省思，激發他們探索馬克思主義的危機、社會主義制度的弊端和當代資本主義的生命力，因而對自由民主的渴望也增強。這種省思，也強化了他們的「權利自主意識」，他們認爲，享有自由、平等、民主、人權，是人應有的權利，而不是等待統治者的「恩賜」，必須挺身而出追求；這種意識，也很自然的激發了知識界精英和學生領袖的使命感。

當然，經濟的因素也不可忽略。過去幾年來，經濟體制改革有進展，但由於政治體制僵化和社會遠離法治軌道，享有特權的幹部及其家屬，以權謀利——從事「官倒」活動尤爲普遍；他們成爲新興的官僚資產階級，損害了民眾的利益。

民眾的怨恨，不只在競爭機會和收入分配的不公平，還在於物價連年大幅上升，造成了生活困難。民怨無法獲得正常管道的疏導，爭取權益的羣眾性的自力救濟行動便容易發生。

在民運發生之前，中共高層內部就存在嚴重的歧見，民運發生之後內部的爭執更激烈，以總書記趙紫陽爲首的鴿派，不同意把學生的和平請願絕食視爲動亂，主張以對話、勸導的和平方式化解危機。以「總理」李鵬、「回家主席」楊尚昆、中共北京市委負責人李錫銘、陳希同等爲代表的鷹派，則主張堅持鄧小平對學運的定性——動亂，以武力對付。後來，處於「家長」地位的鄧小平獲一羣元老的附和，下令派軍隊以坦克刀槍對付和平請願的學生和羣眾，釀成了六四「北京大屠殺」的悲劇——數千人喪生或受傷。

大屠殺之後，趙紫陽和胡啟立被逐出中共政治局，失去政治權力，一批同情學生的高級幹部、知識分子精英，以及參與民運人士被捕被殺，整個社會處於極度恐怖中。

六四「北京大屠殺」的社會影響是非常廣泛的。隨著趙紫陽的下臺，中共黨內的改革派勢力大爲削弱，經濟體制改革也發生了倒退，以江澤民、李鵬爲核心的政治局常委會強化了計畫經濟的控制手段，收縮市場開放的幅度；這是「北京大屠殺」的一個重大影響。

第二個影響，是鄧小平集團不顧民意的軍事獨裁專制，使民眾對中共和社會主義的「信心危機」更加嚴重；在他們消極怠工和其他抗議行動之下，社會生產的發展更爲困難。

另一個重大的影響，是引起西方工業國家的制裁，外商投資信心的下降或喪失；這自然使中共的對外經濟開放效績減弱。

海外民運的興起，也是受了「北京大屠殺」的影響。從北京流亡海外的民主精英嚴家其、陳一諮、萬潤南、學運領袖吾爾開希等發起的「民主中國陣線」，成了海外民運的中心。這種與中共專制主義對抗的組織，對大陸的政局不會有什麼大的影響，但卻能凝聚海外華人爲大陸人民爭取民主的力量，對大陸知識界也會漸漸產生觀念上的影響。

（一九八九年十月二日補於香港）

附註：因篇幅所限，無法對八九民運詳細分析，有關問題，讀者可參閱本文作者下列著作：

1.〈言論寬鬆化和觀念更新的「熱點」——對「人權簽名事件」社會背景的思考〉，《潮流》月刊一九八九年三月號第二十五期，香港。
2.〈「人權簽名」的社會誘因和影響〉，《潮流》月刊一九八九年四月號第二十六期。
3.〈思想啟蒙運動的里程碑——略論「移情投影」與第二次天安門事件〉，《潮流》月刊一九八九年五月號第二十七期。
4.〈家長制與「你死我活」的權力鬥爭〉，《潮流》月刊一九八九年六月號第二十八期。
5.〈中共高層政策分歧和權力重組〉，《潮流》月刊一九八九年七月號第二十九期。
6.〈趙紫陽與僵化派搏鬥的第一回合〉，《潮流》月刊一九八九年九月號第三十一期。
7.〈從「烏托邦」祭到天安門廣場的吶喊〉，《潮流》月刊一九八九年九月號第三十一期。

共軍：紙老虎還是真老虎？

蕭楚喬

由三十八年至今，我國的轉變過程和中共是相對的，國軍的準備與共黨結構有密切關係，由這裏去探討大陸內部應是較爲可靠的途徑。

民國四十八年我方開始策劃反攻大陸作戰計畫，其中一項計畫是要登陸一個半島，那個地方我們幾乎一點資料都沒有，有的是三、四年前（當時的三、四年前）的一幀空照；沒有一點當地水深水淺、水位變化資料，換句話說，就是不知道登陸是否上得去。因爲登陸的成敗，與當地地理環境有密切的關係。像中部附近海灘是不適合登陸的，因爲灘頭太平坦（坡度太小），漲潮時海水接近到防坡堤，退潮時雖然只退一、兩尺或三、四尺深，灘頭海岸線卻退到堤外好幾里以外。這段地區如果讓人徒步走，大概任何障礙都比不上它有效。也就是說，這種灘頭根本不適於登陸。船也一樣，如果登陸艦在高潮時搶上去，卸下軍隊，一退潮（因爲卸軍隊要花時間）船已擱淺在那兒，完全下不來了。相反的只要延誤對方半個鐘頭，進犯的敵船就搶不到岸邊，必須跋涉很遠的距離，相對地登陸軍的危險也增加了。反過來說，我們根本不知道船能不能開到目標區岸邊，也就是駛達最有利我方步兵就地掩護的地方；也不知道水深是否會使船擱淺，因此我們要求要找蛙人去「摸一摸」，或找空軍去照相。

我記得當時有一分命令指示，「不准任何人去摸，也不准任何人以任何方式去動那個地方」；意思是：當你認爲那裏不可能登陸，也是對方認爲不可能、不設防的地方，因而在那裏登陸才有奇襲的效果。當時最原始的反攻大陸計畫，只畫了兩個方塊（那時我也看不懂），一是主登陸區，一是次登陸區，一是主攻，一是助攻，但是沒有一個字。

計畫到一個階段，國軍開始與美方交涉，據說美方表示，如果國軍能够上岸，支持三天，就支持我們；如果支持不了三天就不必談。過了一個多月我們才發現，中共歡迎國軍上岸，但是將採取後退幾百里、並奉送幾千萬難民的策略。當時我們把所有有限的商船和其他找得到的船隻都計算進去，大概頭一批可以載送五萬多人，約三個半師（兩個陸戰師，一個陸軍師，和一部分支援），後面加上商船，希望很快建立一個小灘頭，佔有一片能有一點安全維護區，然後再一批批將物資及增援兵力送上岸去。但是那裏沒有碼頭，要想把這些糧食、軍火運上去，如以支持十五天計，以十萬人爲準的話，也不過是一百五十萬份；不要說幾千萬人，這一百五十萬份中的食物供五百萬人還不够吃半天。也就是說，以那時招商局、臺航的二十餘艘船，另以小船一船船將大船上的物資駁運上岸，時效上都維持不住那些難民。

那次狀況應該給政府很大的刺激，算起來，一千四百萬人六天不吃才能維持那些難民一天所需，全年不吃才能維持八千萬難民二個月，而且這六天份糧食還得在半天內運到對岸卸下，還不能考慮到那些上岸的軍隊。能純以軍事力量解決問題嗎？

有這樣的概念後，再以民國四十二年我本人在東山島的經驗來印證一下。在東山島，中共就是採先後退的戰略，百姓也很歡迎，所以我們幾乎是未發一彈就登陸的，在那裏有一位老太太，據說當八個登陸弟兄進入她家裏的時候，她表示：「如果你們打下東山後留在這裏不走，我一定支持你們；如果你們很快要撤走，我爲了活命也沒辦法了。」一名海軍，聽後因事先行離開，過了不到二十分鐘，那位老太太上樓丢了個手榴彈下來，把樓下的人炸得非死即傷。國軍第二天就撤退了，我相信那位老太太可能現在還活得很好。

攻東山是民國四十二年七月，中共的辦法是「你要上去就讓你上去，我退就是了，等到差不多的時候再換我打你」。老百姓是否支持是看我們留不留下來，我們留下他們就支持，不留下他爲了活命，所以殺幾個人擺在家裏立點功勞，就可以活得很好。由此可見，那時要反攻大陸，不要說軍火、軍事行動，光是後勤支援就無能爲力。

從那以後一直檢討到五十八、五十九年開始十大建設。就因爲知道沒有強大的經濟力，也就無法持續作戰（作戰打的是錢）。最近中共似乎也發現了。他們最近（七十四年開始）裁減一百萬軍隊，並且要軍隊退伍之後必須參加國防建設——也就是經濟建設。我相信是有某些狀況刺激中共，使他們了解單單發展軍事力量，是沒有辦法維持作戰持續力的。

另一方面，當時我們的情報蒐集困難，對大陸上的活動狀況完全不了解，尤其是文革期，不知道它會持續那麼久，也不知道內部動盪有那麼大。記得事後美國人曾表示，五十一、五十二年是一次反攻的大好時機；但即使是大好時機，美國人不肯定在後勤上支持我們，我們怎能作無謂的犧牲？如果不支持，國軍攻上去一旦打垮了，我們就等於全垮了(因爲送上去的是精銳部隊)，也等於打垮了美國形象。那時有一個「樂成」計畫，那個計畫事實上含意不大，眞正具有含意的是軍事協定。

這是當年反攻大陸計畫的概要背景。從而看出，純粹靠軍事力量是不能支持的。加上情報蒐集非常困難，我們根本不了解大陸的狀況，等到了解時、時機又已經錯過了。而且中共滲透很厲害，記得最後一次反攻大陸計畫準備執行前，中共竟在廣播中把計畫內容一字不漏地播出來。早期(第一、二期)作戰計畫爲求可行性高，每一個執行單位都有人涉入，也就是說，被分派執行什麼行動，就負責寫那部分計畫，最後再綜合成一個計畫，所以不容易發現是誰洩的密。(民國五十四年以後就把幾十個人集中去寫，不與各單位發生關係。)所以如果沒有絕對把握，隨便送人出去等於是送人去死，這就是當年的狀況。用兵爲國之大事政府不能不審愼爲之。

臺灣，在地略上是一個很脆弱的地方。大陸有廣大的土地，所以對日抗戰能以極弱勢的軍力，來對抗現代化的日軍，也就是以「空間」換取「時間」，這種一寸山河一寸血的精神，讓日本由上海一寸寸爬到四川就爬了八年。但是臺灣沒有縱深可以拖，也沒有眞正的後方。由軍事觀點看，我很反對臺中建港，臺中本來是不易登陸的地方，現在開了港，中共如果在港口附近用海空軍圍住，利用商船就可以上岸。如果沒有臺中港就沒有發生這種行動的可能，中共只能爬沙灘，在沙灘上就很容易受我方控制。臺中建港若純粹由軍事角度來看一點好處也沒有，原來一百多里不能行正規登陸的地區，卻開了個口讓中共可以有機會平安地上岸，因爲臺中港有這個缺失，所以後來把南北廻鐵路相連，使軌道寬度相同，一旦中共由臺中登陸，切斷南北通道，我們還可以經由南北廻鐵路將軍隊由南到北、由北到南互相支援，而有所彌補。

談到光復，前面已提到沒有政、經、心的配合，純軍事反攻幾乎是不可能的，但也不是絕對沒希望。如某大陸人民起而抗暴，以我們做爲兵工廠（現在有不少兵工廠都是國營的，不能開放民營這大概是原因之一），可以儲備很多軍火，只要大陸人民需要就供給他們。這也就是告訴中共我們不以軍力打你，另一個含意就是我不必從臺海反攻大陸，除非你打我。

再從經濟力量和國家利益的方向來談。以韓國和北韓爲例，北韓有八十四萬軍隊，韓國建軍則是以北韓軍力打七折爲目標，也就是大約五十九、六十萬；其目的在明白表示不會主動打北韓，但防禦卻是足足有餘（爲何是百分之七十，這道理與兩棲登陸相近，只要有百分之二十五的敵方兵力就可以阻止對方登陸）。換句話說，就是明白告訴北韓；第一，我不刺激你，你也不要想來打我；第二，如某你要打我，我用你百分之七十的軍力就可以堅守（然而韓國經濟力量有限，只能達成其建軍目標的百分之六十二到六十五，剩下的百分之五到八則必需依賴美軍協防）。

如果我國也仿照韓國標準，以中共百分之七十爲建軍爲目標，卽需要二百一十萬軍隊。而現在臺灣光是壯丁，每年的屆齡役男就不够。因爲一年只有約十七到十九萬屆齡役男，全部服一年役只能有十七萬人，兩年役才能有三十四萬，需要十幾年兵役才能解決這個兵力數字上的問題。我國軍隊現有裝備起碼約值五兆到六兆。我國大部分軍人都有大專程度，就算是高中畢業，比起目前中共軍隊的文化水準仍然高出很多；而獨立作戰時，文化水準高者帶兵能力較強。

如果把這些訓練力高都抛掉不算，只要我們能抱定和中共對決的決心，以一比一地拚；也就是說，可能要損失六百多架飛機（多了臺灣也無處可停）（中共拚光我們所有飛機，他自己的精銳所剩無幾，因爲沒有一個國家全部的軍隊都是精銳，尤其是共黨國家），海軍主力三十四條艦隻和全部的陸軍坦克，但是中共也得付出同樣這些數目的人員、設備損失的代價。最後如果我們打贏了，政府得要十年不開支才能恢復這支武力，加上訓練等，至少要二十年以上才能再建一支相同的軍力。

再看中共，精銳耗盡後也得花不少預算重建。中共今日之所以在國際間有說話的餘地，就是因爲有叁百多萬的軍隊，美國想利用中共牽制蘇聯，蘇聯也企圖以中共牽制美國，多少與其軍力、人口有關。如果中共軍隊拚完了，重建也需要五、六兆，也得二十年時間；會不會和當年英國打二次大戰一樣，由一等強國打贏了卻變成三等強國？現在中共縱橫美蘇之間，爲了打一個小小的臺灣，由自認爲一等強權打到三等，而且要二十年才能重建軍力，我想中共不會願意的。

所以，我們不需要建立一支與中共在數量上相同的軍隊。中共有六千架飛機，我只要十分之一、六百多架就够了，何況中共要應付的不只我們，還有越南、印度和蘇聯。海軍也一樣，中共有一百一十七艘潛艇，我們只有四艘，簡直不成比例。雖然我們現在的國防軍力很小，但是民間工業和兵役比中共強（當然在軍事科技上有段差距），何況就光復大陸言，我們要支援的是抗暴軍，並不一定要很現代化的武器，而且最重要的是軍力不是唯一的國力，還有政治、經濟、心理力量等的結合。

因爲如使中共不敢以力來拼，臺灣的安全就可以維持得住。但是由另一層面看，臺灣還是很脆弱的。要維持臺灣的經濟發展，海上貿易是一個重要因素。目前世界上沒有一個強國不是靠海運起家的，早期的葡、西、英、美、日等國都是例子。蘇聯土地廣大，但是並不強盛，印度也一樣，而中南美資源豐富，經濟不發達，就是不重視海上貿易的緣故。中共目前在沿海各地設立特區，可能就是有所領悟，所以逼著面向海洋，企圖加速發展經濟，走我們當年的路。

今天臺灣地區一年有一億萬噸貨物進出，貿易額達八百億美元。如果中共向外廣播，「任何外國船隻想到基隆、高雄港卸貨或裝貨，請在通報時將副本副送上海和汕頭的港務局，否則安全恕不負責」。試問經此威脅，有多少外國商船願意來臺灣？或者有多少外國保險公司不藉此提高保費？這樣的消息一向外廣播，中共根本不需要動用軍隊，只要高速飛機和潛水艇在外海堵著，就會有許多船隻以貿易利益不大而撤退、或不開航。

因此中共並不是不想控制臺灣，如果採軍事方式，早在十幾年前有原子彈時就可以行動了：五顆原子彈，高雄港兩個，臺北兩個，臺中一個，臺灣可能便會剩下沒有生機的焦土。

如果中共使用數量較大的潛艇（潛艇有先天的缺點；同一時間每一特定海域中只能存在一艘潛艇，因爲潛艇只能知道對方存在、卻不能辨別對方的「身分」，而潛艇與諜報人員一樣歸中央指揮，彼此間沒有橫向聯繫。當然若同一區內有不同同盟國家的潛艇，則彼此間會先行通知，除此外，只要有其他船隻進入自己的領域，因無法分辨是敵是友，一律當做是敵人，這是潛艇目前的性能），因臺灣海峽大體言不適于潛艇活動，惟自基隆向東到鵝鑾鼻、小琉球以南沿海則有利其活動，安排十到十一艘潛艇，不宜再多，否則易生干擾，卽使中共有一百多艘，其威脅亦僅止於此。同理中共有六千架飛機也沒有關係，因爲臺灣的天空只能同時容納三百架飛機飛行，否則飛行安全就有問題。

如果中共眞的能單純地派水面艦來臺灣活動，那就表示我們一點制空能力都沒有。但是如果布雷，反而比較難防。因爲水雷構造雖然很簡單，問題在於愈簡單的東西只要使用得當，常常就愈令人沒辦法捉摸；中共的水雷本身說穿了可能一文不值，可是很難找到它。當年波斯灣一發現水雷，西方各國便紛紛派艦聯合掃雷；如果臺灣四周佈滿水雷，光靠我們自己能够掃光嗎？

其實今天假使中共要拿臺灣，他可以不花錢，只要利用廣播，就會有某種程度的效果。臺灣人民聽到可能會恐慌不已，更別提經濟上的影響力了。我認爲中共不是不打臺灣，只是想用一個最省錢、非武力的方式來「打」臺灣。只要中共覺得打臺灣划得來，他沒有不來的道理。

但是如果我們因爲現在沒有戰火，就說是中共不能打，不會打、不想打是絕對錯誤的。中共現在除了海軍，已由擴充近岸海軍而朝向遠洋海軍發展，所以係屬攻勢。陸、空軍則屬守勢。許多西方國家發現，由於民族性、在東方作戰、以正規戰術是不易獲勝的，像是對日抗戰（空間戰），像是韓戰、越戰以至今日的阿富汗（游擊戰），這些已足以警告所有外國人，若無地方人士支持，正規戰是贏不了的，甚至有陷入無底坑之勢。現在中共積極作防禦整備，將十個軍區變成七個，把濟南軍區作總預備隊（心臟地帶），以南京軍區對付臺灣，廣西軍區對付越南、西藏軍區對付印度，東北、西北軍區對付蘇聯。按此比例，兩百多萬陸軍扣除四十萬再均分五份，臺灣對面就安置了三十二萬，比例頗高。對我威脅不能說不大。

其次中共曾在最近使用空降部隊由武漢演習到新疆山區，這演習具有什麼意義呢？事實上從距離上看，由武漢到新疆和武漢到臺灣南投附近是相等的，這表示中共旣有能力由武漢起飛到新疆，也就有能力到臺灣，這也是爲什麼臺灣地區山地管制不能放寬。此外警方曾有幾次派了許多警察在山區圍堵一個流氓，卻怎麼也找不到，試問山區若有一師中共軍隊，怎麼找？現在在高屏、嘉南的平地上可以看到一些像曬衣桿的椿子，就是爲了防止直昇機和傘兵空降用的。

從戰略地理言，臺灣是長條形、東西向的縱深有限，所以我們常開玩笑地說，臺灣的地形是生錯了，如果以基隆爲中心點，再向反時針方向轉九十度，使恒春距平潭遠達六百里，那臺灣的戰略價值就更大了。目前臺灣區所有的機場都在中共飛彈射程內。這也是爲什麼我們應把軍港及機場往東及南部設置，飛機也應藏在山洞內的緣故；當中共第一次攻擊不成重新發動攻勢時，因爲山脈背後不利其通訊指揮，雷達不易偵測，我方飛機一起飛就會在中共的上空，對其極爲不利。

臺灣由於縱深有限，所以不得不採取以「時間」換取「空間」的戰略——利用時間使國人了解中共的眞面目，並藉時間來從事臺灣的經濟、政治、軍事建設。但是一拖四十餘年，原有的武器已老舊不堪，如果在軍事科技上不突破發展，對軍力必有不良影響。軍人只有一個觀念，就是打勝仗。我認爲只要打勝仗，任何投資都是合理的；若打敗仗，一毛錢投資也是浪費。

雖然臺灣不可能在有限土地上行長期作戰，但是如果臺灣的防禦力量能使中共在打完後無法在國際間立足，中共就不會打。這應該是我們的建軍目標（不必像韓國，大概十分之一、二即可）。如果中共眞的進行兩棲登陸（兩棲作戰與普通作戰最大不同在於，攻方在開始作戰時在作戰區域是沒有一點兵力的，必須從零開始一波波運兵上岸；而守方是守株待兔，所以兩棲作戰攻方需要五倍，起碼三倍兵力才能打上灘頭），以臺灣目前五十萬軍隊，事實只有二十七萬是第一線作戰部隊，以後者計，中共需要一次運八十到一百萬軍隊上岸，所以以我國目前的兵力，應勉強够抵禦中共的兩棲登陸。

其次，臺灣在地形上，山地集中在中央，西岸除了大甲附近的鐵砧山，高雄附近的壽山和半屏山，淡水附近的觀音山外，沒有什麼可供防禦之地，所以非得以戰車作爲機動的砲臺。但是戰車需要道路配合，這方面的建設卻不理想。以南北高速公路而言，當初以爲是平坦的，沒想到會高突起來。爲了怕戰車開上去會塌下來，只好開了不少涵洞，寬度正好足够戰車通過（比一般汽車寬），而且有些地方太陡（如林口），戰車也開不上去。這等於是把一塊戰車可以運用的平原劈成兩塊，而戰車又不宜長期置于海邊，這樣會失去隱密性，靠山邊又出不去。這也說明我們民生建設未與國防建設配合好。

另外臺灣的機場都在中共飛彈射程內。民間建設沒有考慮到防禦。高速公路雖有考慮，但也只考慮了一半。（在高速公路上有許多鐵桿上有黃色標記插在路中間，那些地方都是水泥做成的，就是緊急機場）。我去德國、以色列看過，他們的高速公路上也有機場，但是他們有一點我們只做到一半，就是機場啟用時，公路仍能維持暢通，主要是因爲在臨時機場附近設置了休息站，可導引汽車繞道；而我們則是機場與休息站分開，空軍要支援臨時機場時，必須將油車等補給車輛開上高速公路才行。由此可見，一般人對民生工程與國防工程的結合考慮得並不周詳。

現在談談大陸上的狀況。中共的軍隊是民國十六年八月一日「南昌暴動」成立，中共軍隊歷經紅軍、八路軍、解放軍等階段，一直沒有正規組織，眞的是一袋小米加一把步槍，機動性很大，但是這種作戰方式在防禦上的確有效果。

打游擊戰以後中共改打的是人海戰術（其實後退也是一種人海戰術，只是這種人海戰術吃的不是子彈，而是對方的糧食），接著又發展核武，打算採取「早打、大打、打核子戰」的策略，但不久又發現核武不能任意運用。

民國六十八年二月對越戰爭失利之後，中共開始「國防現代化」。七十年六月鄧小平出任「中央軍委」主席，更盡全力推行；但是中共軍隊長期以來組織龐大、機構臃腫、幹部老化、知識偏低、國防經費又受限制，進展緩慢。

民國七十四年，中共盱衡大局，開始走和平時期部隊建設的方向。鄧小平並宣稱在兩年內，對部隊全面進行體制改革、精簡整編及裁軍百萬，現代化的進展方才加速。

近年來中共集中人力、物力、財力投注於國防的現代化，結果使陸軍內部的結構與武器裝備已經產生了重大的轉變與更新；當年以「小米加步槍」起家的游擊武力，逐漸發展成一支配備新武器裝備，極具戰鬪力的作戰部隊。目前中共根據國際情勢、外來威脅、以及大陸的地略形勢，確定積極防禦爲現階段的國防戰略方針。

至於軍隊整建的重點，可以分以下五個方面來談：

1. 精簡整編部隊

共軍的組織龐雜，兵員原有四百餘萬，不但軍費負擔沈重，而且軍備無法進步。因此「現代化」就由精簡起步，自七十年起，先後削減員額一百餘萬，其中老弱轉退外，青壯者大多改爲

「人民武裝警察」，並且以「年輕化、知識化」作爲幹部政策的指標。

2. 制訂條令規章

過去中共靠打游擊起家，是沒有階級、也沒有規章的人民軍，因此會產生一個現象：有人到了七、八十歲還在當元帥；沒有前途，誰會去考軍校？打擊士氣，莫此爲甚。此外，不恢復軍階還有另一大困難，就是當兩個軍種協同作戰的時候，雙方都沒有階級，究竟由誰來指揮？

當年中美協同作戰，最大的困難就在於作戰指揮（operational control）。例如中華民國海軍護航補給物資到金馬，若途中發現了潛艇，由於與美國協防，就有兩種方式可採行；一是美軍接替負責護航，國軍負責攻潛；二是美軍參與攻潛，歸國軍現場指揮，國軍其他的兵力繼續護航。但由於美軍表示不願護航到距大陸六浬以內，所以必須由國軍護航；美軍艦長爲中校，國軍最高階則是上校，在此情形下如何解決作戰指揮的問題呢？

在今天無論對誰，單一兵種作戰已是不太可能的事，平常不來往的軍種如何去合作、指揮、應急？這是中共一大致命傷。共軍因此不得不恢復軍銜，亦卽有正常的升遷、訓練及退除。

今後條令的制訂，會使中共軍隊教育訓練有所遵循，以配合改編後合同作戰的需要；重視規章，則可以確立各項制度。預料不久，中共將陸續頒訂「軍官服役條例」、「士官服役條例」、「文職人員工作條例」，加速正規化的步驟，並且可能恢復軍銜。

3. 強化教育訓練

教育訓練是提升戰力的主要手段，如今共軍新的教育體制雖然已經建立，但是內容仍然有待充實，尤其是師資、教材、設備以及吸收外軍知識的加強；充實基層，增設士官學校，實行士官制度，以使幹部培訓達到楷梯式的整體教育。在部隊訓練方面，將由加強單兵技術至師級部隊的戰術訓練與軍、兵種合同訓練，並加速開發運用電子及激光模擬訓練器材等，以及強化領導機關的專業與戰略、戰術訓練，藉以提升幹部素養與士兵水準，以增強整體作戰能力。

4.研製新武器裝備

共軍對新武器裝備的發展，是採取「自力生產」的政策，今後料將繼續爭取西方先進科技轉移及財力支助，研發尖端武器，優先改良戰略導彈部隊、火箭推進固體燃料、多彈頭及戰術性機動飛彈。陸軍將增加新型戰車、戰防飛彈、自走火砲、直升及遙控機生產；海軍將致力於第二、三代飛彈艦艇、核潛製造、艦對空飛彈、及直升機航母研發；空軍則以研製生產全天候偵察、戰鬪、轟炸機種，各型空用飛彈及發動機爲重點，且將擴大武器外銷，以充實軍費，加強裝備發展。

5.建立後備力量

共軍後備力量，除「人民武警」負責地方治安外，主要依「民兵與預備役相結合」的制度爲依據。中共規定「民兵」由十八歲至三十五歲青年組成，平時組訓，戰時擔任戰場勤務；「預備役部隊」是以後備幹部及百分之五十編制額的基幹民兵爲骨幹組成。在各地區成立「預備役師」，平時就列入作戰序列，進行整訓，戰時予以充實後以「整部隊補充」方式，投入戰場。

除了以上「現代化」的措施之外，中共並且在軍需工業方面採取了彈性措施，開始將軍事工業力量轉移到民間。這有兩個好處，一是使外人無從得知其國防預算，它可能全是薪餉，而將武器採購及生產費用編在民用工業上（根據美國資料，中共的國防預算是實報的二十倍，我們的估算則是五倍，不知何爲眞）。如此可使別人無從知曉其軍事工業發展的程度，也不了解軍民營工業分配的比例，產生對其軍力判斷上的困難。

這種種的做法強化了中共的軍事力量，不過問題也不是沒有。過去在大陸當軍人待遇比老百姓要好，因爲物資是分配的；當了軍人後可以將自己的那份配給糧食讓給家人，自己則吃軍糧；因此軍隊反叛的可能性較低。但是現在已經開放部分私有財產、私人經營情況不同，此外黨營事業員工也有貪污現象（軍中較不易貪污）。所以軍中待遇及福利反而比普通人民低，是否對其軍心歸向有影響就值得考量了。

在作戰經驗上，由「小米加步槍」到人海戰術，到我們最傷腦筋的「船海戰術」。我認爲作戰固然要靠計畫，但是在戰場上，實際情形隨時變化，不一定能完全照計畫進行，這時就需有人在現場作決定。

但是目前中共軍人也遭遇到和我們一樣的老化問題。在我這個階層（我服役已四十年），聽過槍響，看過人受傷，見過船沈的人，恐怕爲數不多。現在少將以下的軍人大概都沒有作戰經驗。中共也差不多，除了越南以外也少有戰事發生。既然未打仗，現場指揮的能力就值得懷疑；

而越戰也是促使中修共改規則的重要因素，包括軍階、選訓退等。中共軍隊現在要走向現代化就必然會有部分的犧牲，在人力方面或許不甚理想（因爲文革），但是在武器裝備上已有很大的改進。

再談到徵兵。中共海軍服役四年，陸軍三年；如果訓練時間相同，中共的服役時間較長，軍隊生活經驗久，同伴間認同較高，戰力可能稍強。如果我們縮短兵役爲一年，以陸軍爲例，訓練半年，下部隊適應期三個月，假如最後一個月用來打仗，彼此認識絕對不比交往三、四年的深刻，現場支援情形自然比較差。目前我國每年屆齡役男約十四萬人，如果只服一年役，總兵力還不到二十五萬人，兩年役才有二十八、九萬人，再加上十萬志願兵員，總共約三十八萬人。

現行兵役期有兩年及三年之分；除非屆齡役男人數增加，否則以一年役計算，這個數目是絕對無法維持臺海安全所需的。試想一千多公里海岸線要這些軍隊去守容易嗎？如何防止得了走私呢？而中共有十億人口，一年有約一千萬屆齡役男，四年役就有四千萬人，從中只須挑選三百萬，十多人中才選一；我們則是有一個算一個，在體能上可能比中共差，學歷雖較高，經驗上卻比不上中共軍隊。目前中共軍隊待遇比較不好，使得當兵意願低落，連帶的當然會影響到軍人的素質。

中共是最早有軍中政工人員的，所以有第一、第二政委。軍官身後的隨從常負有監視、打小報告的任務，政戰工作做得不錯。

綜觀近年中共三軍軍力整備、結構調整和武器裝備研發的情形，戰鬪力並沒有因為「精簡」而削弱，反逐漸提升；尤其是在臺海對岸部署的三個集團軍，總兵力三十二萬餘人，其中三十一集團軍新組建的水陸坦克旅，實在已經具有足够獨立立體作戰的能力。此外又在沿海地區積極整建鐵、公路交通運輸網、指通網；加強兩棲訓練，並且在各種演訓中，懸掛臺澎地圖，意圖已經非常明顯；參證近期蒐獲中共擬訂的「攻臺修正案」，與「南京軍區」強調要建立以臺灣為主要作戰對象的「南京戰區戰略構想」，更顯現其野心。

近年中共開始在沿海和海南島設置特區發展經濟。因為中共了解如果發展軍力並增強國力，始可玩弄美蘇於股掌之間，所以必須發展其經濟，並面對海洋。總之，中共不是不要臺灣，不是不想在世界上稱強；其現在一切的發展仍是以軍事為最終目標，而非人民的生活。

我個人的結論是，不要因為中共制度不健全、軍人數目不如以往而小看對方；相對地，中共的政治控制仍然很強，由鄧小平可以放棄一切而不放棄軍事權力來看，中共對軍力的掌握仍然很嚴格。

對臺灣，中共除了政治需求外，經濟上更是希望擁有臺灣。但只要我們能有中共六分之一以上的戰備及安定團結，中共就不敢冒然進犯。總歸一句話，我們要強到讓中共不敢打，而不是不能打。要打就現況言，中共任何時候都可以打、而且能打贏，但是如果能使中共在打完後必有相當不利的後果，就可以確保臺海的安全了。

〈附錄〉

一、軍事組織結構

在組織方面，目前中共最高軍事決策指揮機構是黨的「中央軍事委員會」，但另外又設立「國家軍事委員會」，這兩者雖是兩塊招牌，實際上卻是一套人馬、一個機構。這個機構下設「總參謀部」、「總政治部」、「總後勤部」等三個主要幕僚單位，及指揮七個「一級軍區」、「空軍」、「海軍」、「第二砲兵」等司令部、「軍事科學院」及「國防大學」。

中共的「國防部」在政權組織體系上，是「國務院」下屬的一個部門。而軍事政策的制定及軍令的行使，則直接受「中央軍委」所控制。因此「國務院」對「國防部」實際上並沒有指揮管制的權力。「軍區」組織，則分爲「一級軍區」、「省級軍區」、「軍分區」等三級。

二、共軍兵力及部署

㈠陸軍

陸軍現有兵力約二百餘萬人，主力爲二十四個「集團軍」，部署採多面備戰態勢，分置於四個地區：大陸北部地區（含瀋陽、北京、蘭州軍區）以防俄爲主；東南地區（爲南京軍區之全部，含金馬當面地區）以防我爲首要，部署兵力三十二萬餘人；西南地區（含成都、廣州軍區）

以防越爲重點；中部地區（爲濟南軍區之全部）爲戰略預備隊。

㈡海軍

海軍現有兵力約三十餘萬人，區分北海、東海、南海艦隊，備有各型艦艇二千餘艘，其部署爲：

1. 北海艦隊：以渤海、黃海爲防區，並以旅順、大連、烟臺、青島爲主要基地。
2. 東海艦隊：以東海、臺灣海峽爲防區，以上海、定海、三都爲主要基地。
3. 南海艦隊：以南海爲防區，以汕頭、上下川島、湛江、榆林爲主要基地。
4. 各艦隊分別轄有一個陸戰旅，並經常從事兩棲演訓，尤以近期發現南海艦隊所屬陸戰隊旅，曾先後在海南島、西沙羣島附近，實施模擬兩棲登陸作戰演習。

㈢空軍

其空軍現有兵力約三十餘萬人，飛機六千餘架，其中作戰飛機五千餘架。

其對我兵力部署：空軍對我係採「少兵在前」、「多兵機動」之原則，構成靈活縱深的配置態勢。

大陸在距臺二五〇浬的範圍以內，現有機場十餘處，至少可以配置飛機九百餘架，惟中共爲製造和平氣氛，現在僅有部份機場駐有軍機，合計約二百餘架。

此外，在距臺灣二五〇～五〇〇浬的範圍內，部署了二十餘處基地，計有各型作戰飛機一千餘架。其中戰鬪機可以在一夕之間進駐當面支援作戰，轟炸機則可直接對臺發動奇襲。事實上，如果中共要攻擊臺灣，五百浬以內的空軍兵力就已足供作戰需求。

㈣第二砲兵（即戰略導彈部隊）

其第二砲兵司令部駐北平，服役中的飛彈包括CSSI2長程飛彈、CSSI3、CSSI4洲際飛彈、CSSI5機動中程飛彈及巨浪型潛射飛彈，這些飛彈都配有戰略核子彈頭，射程也可以涵蓋本島，只是核子作戰具滅毀性，中共對我應不致貿然使用。

三、共軍重要戰備措施

㈠最近重要演訓：

1. 陸軍：近年正積極加強「合成部隊」之戰役演習，重點包括各軍兵種的聯合、機動作戰、電腦自動化指揮及廣泛使用模擬器，情報指出中共演習場中經常懸掛臺澎金馬地圖，以及我空軍戰機的識別圖。

2. 海軍：民國七十七年內中共海軍曾兩度編組特遣艦隊通過臺灣海峽，實施遠航演訓，活動區域已日漸逼進本島海域，最接近者距本島東北僅六十五浬，另中共南海艦隊所屬海軍陸戰隊，正於海南島積極整備，並以類似臺灣海岸、水文之西沙羣島，實施正規與非正規的登陸演訓。

3. 空軍：當面空軍方面正加強裝備，以新近研製成功的空用雷射電子模擬訓練裝備，撥交戰鬪部隊，積極從事作戰訓練，另方面配合地面部隊演習，實施空中火力支援，加強軍種之間協同作戰的能力。

(二)戰備整備：

1. 中共自民七十二年起，至七十四年完成了海峽中線以西水域的調查，得到了可以提供艦艇活動的精確水文資料。近來更利用大量機（帆）船向金馬臺澎地區實施滲透，進行騷擾與情報蒐集，特別是積極對臺灣東北角海岸水文資料之偵測。

2. 在大陸東南地區中共正積極整建交通，這雖然是其經濟建設的一環，但也具有軍事用途；築建「鷹廈鐵路」及規劃「來福鐵路」電氣化工程，修竣「大沙鐵路」，建築「三南公路」等。同時擴建福州、廈門兩商港及整建沿海諸軍港、漁港，並增建溫州機場，以上工程設施完成後，中共對軍用物質運輸及兵力轉用的能力，將大爲提升。

3. 中共第二砲兵，已於臺海對岸完成梅水坑、平潭、連城等三處地對地飛彈基地的經營整備，可以隨時部署各型飛彈、進行突擊，對我方構成嚴重威脅。

〈附表〉共軍當前重要問題之評估概況表

一、兵役制度及其影響

類別	項目	內容
兵役制度		實行義務兵役制爲主體的「義務兵與志願兵相結合、民兵與預備役相合」的兵役制度。
兵役區分		兵役分現役和預備役兩種。
士兵的現役和預備役	兵役年齡	年滿十八歲的男性公民，在二十二歲以前者仍可被征集服現役。
	士兵	包括義務兵和志願兵。
	義務兵服現役年限	陸軍三年，海、空軍四年。
	志願兵服現役期限	超期服現役的義務兵服現役滿五年，由本人申請，經師級以上機關批准，可以改爲志願兵。志願兵服現役的期限，至少八年，不超過十二年，年齡不超過三十五歲，軍隊有特殊需要，本人自願，經軍級以上機關批准，可以適當延長。
	士兵預備役年齡	士兵於退出現役後，即爲預備役，年齡爲十八歲至三十五歲。
軍官的現役	服役年限	軍官服現役和預備役的最高年齡由「軍官服役條例規定」
	現役軍官	經軍事院校畢業、經考核適合擔任軍官而委以職務者即爲現役軍官。

和預備役	
預備役軍官	影響
退出現役轉入預備役的軍官即為預備役軍官	1. 中共「兵役法」雖公佈將近四年，但其中「軍官服役條例」和「士兵服役條例」仍未能制訂公布、「軍銜制度」以及軍官服現役和預備役的年限因內部矛盾尖銳遲遲未能公布，但已將於今年內分別頒佈實施，將有助於其正規化及現代化發展。 2. 中共實施義務兵與志願兵相結合可以穩定部隊，維持戰力；中共採取「民兵與預備役相結合」的原則。可建立快速的動員體制，以達「平時養兵少，戰爭出兵多」之目的。 3. 共軍義務兵役期限較長，雖造成人力、物力及時間之浪費，對其經濟和現代化建設不無影響，然而義務役之役期長顯有助於共軍訓練工作，對其戰力有所助益。

二、共軍待遇對其戰力之影響

義務兵

津貼數與年數						職務津貼與職別		
一年	二年	三年	四年	五年	六年	軍士長	班長	副班長
12元	13元	14元	17元	23元	30元	3元	2元	1元

志願兵		
基本工資（八級）	一級	66元
	二級	74元
	三級	82元
	四級	90元
	五級	100元
	六級	110元
	七級	120元
	八級	130元
職務津貼	軍士長	3元
	班長	2元
	副班長	1元
軍齡津貼	每屆滿一年發給軍齡津貼費五角，最高為四十年。	

軍官		
職稱及工資數目	排長	80～100元
	連長	100～120元
	營長	122～161元
	副團長	133～180元
	團長 副旅長	149～199元
	旅長 副師長	161～235元
	師長	174～256元
	副軍長	193～299元
	軍長	206～312元
	副兵團長	226～326元
	兵團長 大軍區司令員	242～370元
	大軍區司令員	262～406元
	軍委常委	286～430元
	軍委主席 副主席	510～680元

附註
一、共軍官兵待遇係採取低工資。 二、共軍士兵除津貼和基本工資外，無其他福利。 三、共軍官待遇比一般黨政幹部稍高一點，但一般黨政幹部貪污的機會較多，共軍幹部貪污的機會較少。故共軍中流行一則順口溜，「軍隊幹部的錢像小島，地方幹部的錢像海洋」（取之不盡，用之不竭） 四、共軍排、連、營級幹部、福利很少，但團級以上幹部則享有特權。 五、由於共軍士兵與基層幹部待遇低，頗有吃虧之感而不安心服役。對共軍徵兵工作與士氣均有影響

三、共軍戰役經驗

戰役名稱	時間	備考
遼瀋戰役	一九四八年九月至十二月	中共、我在東北進行決戰
淮海戰役	一九四八年十一月六日至一九四九年一月五日	我稱徐蚌會戰
平津戰役	一九四八年十二月五日至一九四九年一月三十一日	
渡江戰役	一九四九年四月二十日至五月十七日	中共渡過長江入侵至杭州、南昌、武漢地區

抗美援朝戰爭	一九五〇年十月至一九五一年六月十日	先後歷經五次大的戰役，共軍死傷一百五十餘萬
共印邊界衝突戰爭	一九六二年十月至十一月七日	中共邊防部隊從一九五九年十一月七日共印雙方實際控制線後撤二十公里，戰火始停
珍寶島之爭	一九六九年三月二日至十五日	共軍以人海抗拒火海死傷至為慘重
西沙反擊戰	一九七四年一月九日至二十日	中共稱越南軍入侵西沙羣島打死打傷中國漁民，中共予以殲滅性之反擊。
懲越戰爭	一九七九年二月十七日至三月五日	中共指越共部隊入侵廣西、雲南邊境，共軍予以反擊，中共內部文件宣稱為「懲越戰爭」此役共軍傷亡慘重，戰爭停停打打，迄今將近十年，仍無結束跡象，唯中共趁機磨練其軍事院校畢業生及各級軍事指揮人員，並趁機研究發展戰具與戰術；已成為共軍現成之實彈演習場。

四、軍事工業兼營發展民用生產

背景	中共「國防經費」近年來增加幅度較小，使共軍軍工部門和企業單位為使其國防科技、後勤補給等單位之科技人員和職工家屬不受影響，乃將部分軍事工業兼營民用生產。
轉移方式	轉移的方式很多：①以技術入股，與地方企業合作生產；②將技術成果轉讓給地方部門；③與地方企業簽訂長期技術合同，提供技術服務；④組織起來向社會提供技術諮詢；⑤讓科技人員受聘到民用生產部門工作，提供技術勞務。

隱藏意圖	淘汰舊的裝備，研製新的裝備。而且在「軍轉民」的幌子下，積極與國外軍事要員交往，以引進國防尖端科技，更新武器裝備，以加速其國防現代化。
造成的影響	影響共軍：①加速共軍現代化建設的進程；②調動軍工企業生產的積極性，提高經濟效益，增加預算外收入；③擴展軍火外銷，擴大對外交流，吸收外國先進技術，提升研製能力；④可積蓄生產研製能力，以適應未來戰爭需要。

五、共軍「精簡整編」對其戰力之影響

時間	一九八五年六月開始至一九八七年六月宣告完成
精簡情況	調整大軍區、組建「集團軍」、改革院校體制、精簡機構與兵員，及將縣級「人武部」改隸地方。第二砲兵於「精簡整編」中，其兵員、編制非但不予裁減，反將其提升爲「第四兵種」，所轄各導彈發射團，則均擴編爲「旅」。
對共軍戰力之影響	共軍此次精簡，主要使部隊符合精銳之要求，節約人事經費，將其國防經費集中運用於武器發展，裝備更新以強化火力提升戰力爲目的。中共宣稱「裁兵百萬」，非但未影響其戰力，且對其「國防現代化」更向前邁進了一大步。

中國大陸法制發展概觀

劉清波

一、前言

法律制度，簡稱為法制（Legal System），是統治國家一切行為的總稱，也即指國家權力活動的整體規範。由動態觀察，是一國政府依法律制度治事的根據。由靜態觀察，是指法律的形式、編制，所採的主義和思想，以及法院結構與訴訟制度的總稱。法律制度的內涵，一般而言，有二方面意義：其一、廣義的意義，包括政治、經濟、社會、軍事、財政、教育等制度與法律的關係，以及法律在各制度中的定位。其二、狹義的意義，包括各種法律、法院制度、訴訟制度，甚至及於本國依國際法或國際慣例與他國訂定的條約、協定具有法律上拘束性的種種文獻。

一九四九年中共佔有中國大陸，同年十月一日在「北京」組織「人民政府」，架構體制，制定法令，廢除私有財產制度，成立無產階級的專政政府。現在統治大陸行將四十年，在近四十年年中，中共在大陸究竟有沒有「法律制度」？如果「有」，此一法制的內容和變遷又是如何？這些問題一直不爲社會一般人所瞭解，原因固然是由於中共佔據大陸之後，法制規範的拘束力極爲微弱，同時也因爲資料不全然公開，以致研究困難。本文就僅有的資料，自中共在「北京」建立「政府」起，至目前爲止，也卽由一九四九年起，到一九八八年止，將中共在大陸上制定公布、實施的法律作一個整體的觀察與分析，並將中共法律制度演進和內容以及未來取向，簡明的敍述。惟法律制度研究，雖以法律爲根據，但制訂法律的社會現象，與當局的政策和路線，以及權力的架構與實踐的途徑等，兼亦爲法制構成的基礎，本文當有涉及。現在就中共統治中國大陸近四十年時間，依其法律制度變遷的情況，分爲下列五個時期❶。

㈠法制的創建時期（一九四九—一九五三）

㈡法制的發展時期（一九五四—一九五六）

㈢法制的停滯時期（一九五七—一九六五）

㈣法制的破壞時期（一九六六—一九七六）

㈤法制的重建時期（一九七七—一九八八）

❶中國大陸法學者陳守一、劉升平、趙震江等，曾將中共法制的發展分爲五個時期，詳見「法學研究」，三人合著《我國法制建設三十年》，一九七九年第四期第一頁。又中共學者藍全普著：《三十年來我國法規沿革概況》，第一至八頁。彼等所見略同，一九八〇年北京羣眾出版社發行。

最後，綜合中共四十年來的法制發展，作一客觀的評估和瞻望。

二、法制的創建時期

一九四九年秋，中共在「北京」建立社會主義政權，一則宣布廢除中華民國政府的一切法律、法令和司法制度❷，又則開始拓展「社會主義法制建設」。所謂「社會主義法制建設」，大抵而論，約有三個途徑，其一、爲建立政府，其二、爲制定法律，其三、爲建立司法制度。

㈠以言建立政府：中共於一九四九年遴選代表，創設「中國人民政治協商會議」爲暫時的立法機關並由該機關通過「共同綱領」，視爲臨時性的「憲法」。同時，由「政協會議」第一屆全體會議通過，「中央人民政府組織法」，組織「中央人民政府委員會」（本法第二章參照），其下設「政務院」（本法第三章參照），處理全國政務，且有發佈具有法律效力的規章或命令的職權（本法第十五條參照），並向「人民委員會」負責和報告工作。

㈡以言制定法律：中共以「人民政治協商會議」爲主要立法機關，「中央人民政府委員會」爲次要立法機關（本法第七條參照）。迄一九五四年九月止，該會大約制定了五十一個法律或規

❷ 中國人民政治協商會議共同綱領第十七條如此規定，一九四九年九月二十九日中國人民政治協商會議第一屆全體會議通過，《人民大憲章學習手冊》第九頁，一九四九年十一月上海展望週刊社出版。

章③，重要的法律名稱包括以下數項：

——中國人民政治協商會議組織法（一九四九、九、二七，第一屆政協會議通過）。

——中國人民政治協商會議共同綱領（一九四九、九、二七，第一屆政協會議通過）。

——中華人民共和國中央人民政府組織法（一九四九、九、二七，第一屆政協）

——懲治反革命條例（一九五一、二、二三，中央人民政府第十一次會議批准同月二十一日施行）。

——管制反革命分子暫行辦法（一九五二、六、二，政務院批准施行）。

——懲治貪污條例（一九五二、四、二一，中央人民委員會核准公布施行）。

——保守國家機密暫行條例（一九五一、六、一，政務院八七次政務會議通過）。

——妨害國家貨幣治罪暫行條例（一九五一、四、一九，政務院公布施行）。

——婚姻法（一九五〇、四、十三，中央人民政府委員會通過，五月一日公布施行。）

——土地改革法（一九五〇、六、二八，中央人民政府通過，三月十日公布施行。）

——城市郊區土地改革條例（一九五〇、十一、十，政務院五八次會議通過）。

③「中國人民政協第一屆全會、中央人民政府，一至四屆人代會及其常委會制定或批准法令和其他文件目錄（一九四九年九月—一九七七年十月）」第三頁至二十三頁，人代會常委會辦公所政法組及法制委會法律室編，北京羣眾出版社，一九八〇年出版。

——全國人民代表大會及地方各級人民代表大會選舉法（一九五三、二、一一，中央人民政府通過）。

——工會法（一九五〇年、六、二八，中央人民政府委員會通過）。

——治安保衞委員會暫行組織辦法（一九五二、六、二七，政務院批准，八月十一日公安部公布施行）。

——各級人民政府設置人民監察通訊員通則（一九五三、六、二五，政務院通過，七月二十一日公布）。

以上的法律當中，並沒有最基本的民法、刑法、商法，以及民、刑訴訟法，而中共認爲是最重要的「懲治反革命條例」僅有二十一條，內容多爲抽象的、或原則性的規定，既不採罪刑法定主義的立法原則，又規定適用溯及既往的原則，並且得比附援引，這種法律，與民主國家的立法原理全然相反。

㈢以言司法制度：中共創立「最高人民法院制」及「最高人民檢察署制」（人民政府組織法第五章參照），初步將法院分爲最高、高級、中級、基層四級，採四級二審制，並設相對的檢察機關。法院和檢察機關，均爲同級政府構成的一部分，司法不但不獨立，而且受行政機關的節制。司法人員則留用中華民國政府時期滯留大陸的司法人才。至一九五二年，中共實施「司法改革運動」，將這些人員整肅，才由不曾受過法律教育的中共人員取代。

在司法活動上，中共經常指示法院依照「黨」的政策執行法令，或發動民眾運動，從事「民眾公審」(Mass Trial)，或殺或押或勞改，將法院視爲擔任鎮壓敵對階級的工具，制裁所謂「反革命」、「反動派」或「壞分子」❹。被害人數之多，據保守的估計大約二百萬人。此無他，蓋中共爲謀政治上的控制與經濟上的重建以及社會的改造，遂仿效蘇俄早期軍事共產主義時期之模式，運用軍事力量，以收鎮壓的效果。因此這一時期中共法制的特質，是「黨權」與「國法」不分，不能從理論上、方法上保證獨立行使審判權❺。尤其一九四九到五一年的土革運動，一九五〇年的鎮反，與一九五二年的三反、五反運動，刻畫出「黨」有最高無上的權力❻。

三、法制的發展時期

一九五四年一月十三日，北京「中央人民政府委員會」第二次會議，通過「成立憲法起草委員會」，草擬「憲法草案」，同年六年十四日公布草案。翌年九月十五日，在「北京」召開「全

❹ Jerome Alan Cohen, *The Criminal Process in the People's Republic of China*, 1949-1963, An Introduction, Cambridge, Mass: Harvard University Press, 1968, pp. 9-10.

❺ 陳守一著〈新中國法學三十年的回顧〉，法學研究，一九八〇年第一期第二頁參照。

❻ Beijing Review, *Prospect and Retrospect, China's Sosialist Legal System* Vol. 22, No. 2 (Jan 12 1979) p. 25

國人民代表大會」第一次會議制定「憲法」❼，於同月二十日經該會議通過公布實施，這是中共具有「憲法」之始，也是中國大陸上正式實施的第一部「憲法」。

這部憲法的構成，大抵有兩大根據，一是以蘇聯憲法的模式作爲藍本，建立一個蘇聯式的法律制度。一是綜合前一期實施法制的經驗，在前一時期建立的法制體系上加以改革，希望建立一個穩定的法制體制。中共高層次的領導人，在這段時期中，一再表示建立法制的重要。

劉少奇說：「現在革命暴風雨時期已經過去了……因此鬪爭的方法也就必須跟著改變，完備的法制就是完全必要了……我們的一切國家機關，都必須嚴格地遵守法律，公安機關、檢察機關和法院，必須貫徹執行法制方面的分工負責和互相制約制度」❽。

董必武說：「我們還缺乏一些急需的較完整的基本法規，如刑法、民法、訴訟法、勞動法、土地使用法等。同時我們還有許多法規，例如懲治反革命條例……應該修改的還沒有修改，應該重新制定的還沒有制定。……無論如何不能不說是一個嚴重的問題」❾。

不久之前，中國大陸的法學者陳守一說：「一九五六年……以馬列主義、毛澤東思想爲指導的我國法學體系，也開始建立。各政法院校先後編寫了適合我國情況的法學的講義和教材，法學

❼ 參見拙著《中共憲法論》，民國六十五年第二版頁一二二—一二六。
❽ 臺北中共問題研究雜誌社編：《劉少奇問題資料專輯》第二十八頁，一九七〇年出版。
❾ 北京《人民日報出版社》〈民主與法制〉第十六—十七頁，一九七九年出版。

刊物和譯著也陸續出版。總的來說，在這段期間，我國法學的發展基本上是正常的，是有一定成果的」⑩。

雖然中共極力強調在此時要建立穩定的法制，但事實上除將國家的性質、權力機構、司法制度、人民的基本權利和義務，以及國旗、國徽、首都等載明於「憲法」外，仍無實質的改進。在這段時期中，中共對於法制的改革，與前一時期不同的，不外以下幾點：

㈠在行政上：基於「憲法」的規定，將「人民政府委員會」下的「政務院」，改稱為「中央人民政府，即中華人民共和國國務院，是最高國家權力機關的執行機關，是最高國家行政機關」（一九五四年憲法四七條）。設立「國家主席」（同法三九條），確立地方制度⑪。惟「國務院」須接受「人代會」的授權（同法四九條之十七），並負責向「人代會」報告工作（同法五十二條）。

㈡在立法上：將前期的「政治協商會議」、「人民政府委員會」的立法事務，轉移到憲法上規定的「全國人民代表大會」及其「常務委員會」。在這段時期中，中共制定公布實施的重要法令包括：

——中華人民共和國憲法（一九五四、九、二〇，第一屆人代會通過實施）。

⑩同註⑤，第二頁。
⑪同註⑦，頁一五一—一七七參照。

——國務院組織法（一九五四、九、二一，第一屆人代會通過，同月二十八日公布實施）。

——人民法院組織法（一九五四、九、二〇，第一屆人代會通過實施）。

——人民檢察院組織法（一九五四、九、二〇，第一屆人代會通過施行）。

——全國人代會組織法（一九五四、九、二〇，第一屆人代會通過實施）

——地方各級人代會和地方各級人民委員會組織法（一九五四、九、二一，第一屆人代會通過）。

——勞動改造條例（一九五四、八、二六，前政務院通過通過，同年九月七日公布施行）。

——逮捕拘留條例（一九五四、十二、二〇，第一屆人代會常委會通過施行）。

——兵役法（一九五五、七、三〇，第一屆人代會二次會議通過，同日公布施行）。

——城市居民委員會組織條例（一九五四、十二、三十一，第一屆人代會常委會通過實施）

——人民調解委員會暫行組織通則（一九五四、二、二五，前政務院會議通過，公布施行）

㈢在司法制度上：將「人民法院制」和其相對的「人民檢察院制」確立，規定在「全國人民代表大會」及「常務委員會」下，分設各級「法院」及「檢察」體系。

法院分為「最高人民法院」、「高級人民法院」、「中級人民法院」、「基層人民法院」採四級二審制。此外「基層人民法院」之下設「調解委員會」。又於「最高人民法院」之下，設「專門法院」，於「高級」、「中級」法院內設「審判委員會」。並另設「最高人民法院西藏分院」⓬。更設有軍事法院、運輸法院、海事法院、專門法院等。

檢察院分為「最高人民檢察院」、「省、市、自治區人民檢察院」、「市、自治區人民檢察院」、「縣、市、自治區人民檢察院」、「人民檢察通訊員」，除另設「最高人民檢察院西藏分院」外，並於「省、市」兩級「人民檢察院」內設「檢察委員會」⓭。

這時中國大陸的「人民法院」，在司法審判上，採取四級二審制，當時設有三十個「高級人民法院」，二百個「中級人民法院」，及大約將近三千個「基層人民法院」。「憲法」上雖規定「人民法院獨立進行審判，只服從法律」（本法七八條），且准許被告人辯護（憲法七六條），但另為規定：「法院對本級人民代表大會負責並報告工作」（憲法八〇條）即司法向立法機關負責，因此仍然難以發揮獨立審判的功能。

不但如此，由於「人代會」、「國務院」、「法院」都受「黨」的控制，並且必須執行「黨策」，在和立法政策上對於階級的不平等看待⓮，因此所謂「反動分子」、「階級敵人」，都不受法律的保護，中共憲法對於「公民權利義務」（八五—一〇三條）的保障，也成為空言。

⓬ 同前註，頁一七七—一八八。又拙著《中共司法論》。民國六十五年一月再版頁二五五—三一〇。
⓭ 同前註，《中共司法論》頁一三五—一五三參照。
⓮ 李光燦（中國大陸法學者）著：《我國公民的基本權利和義務》第七頁、八頁、十三頁，一九五六年北京「人民出版社」出版。

例如一九五五年春，中共發起的整肅胡風運動，同年五月胡風被免除一切職位，七月秘密受審，非但涉及面廣，而且胡風下落不明。同年六月又對「民主黨派」、「文化」、「宗教」及「工業」界人士發動整肅⑮。「公安」及「行政」和「黨」各機關可以不經司法程序隨便抓人、關人，使「憲法」及「法律」上對於人身的保障，形同具文。

四、法制的停滯時期

一九五六到一九五七年間，中共發動「大鳴大放」、「百花齊放」運動，司法人員及法學者對於中共制定的不完備的法制，與司法上的弊竇，大肆批評。一九五七年夏，中共又發動「反右派運動」，肯定凡批評中共「政權」者皆爲「毒草」，應予肅清。一九五九年，再發動「反右傾機會主義」運動，清除「右傾機會主義」者，使中共法制的發展遭受嚴重挫折。

中國大陸的法學者說：「一九五七年對少數資產階級右派分子的進攻，進而反擊是必要的，但人爲的把階級鬥爭擴大化了。兩年後又在黨內不適當地開展了反對所謂右傾機會主義的鬥爭，因而提昇了黨內民主和人民民主，其後果是很不好的。在政法界，這種左的思潮影響尤爲突出。

⑮ Amnesty International Publications, *Political Imprisonment in the People's Republic of China*, pp. 15-16, London, 1978.

憲法上明文規定的民主和法制原則遭到了批判，錯誤的把黨的領導，同司法機關獨立行使審判權、檢察權對立起來……從思想上、理論上和制度上搞亂了和破壞了行之有效的法律和制度，並且在是非顛倒和莫須有的罪名下，把一些維護憲法原則的同志，錯誤的打成右派分子、反黨分子……助長了寧左勿右的思想，和法律取消主義的傾向，輕視法制，以黨代政，以言代法的現象，得到了惡性發展，致使國家立法工作完全處於停頓狀態」⑯。此一時期中共的法制發展，大致有如下述：

㈠立法運作：中共在這段時期中的立法運作，除為配合「反右」運動，於一九五七年八月一日由「人代會常委會」批准「關於勞動教養問題的決定」，和同年十月二十二日通過「治安管理處罰條例」公布實施外，幾乎沒有制定任何重要法律。法制發展，陷於停滯的狀態。

㈡司法實務：在這段期間，公安機關的權限凌駕法院與檢察機關之上，使公安和行政機關的「關、押、捕、搜」合法化，把憲法對於人權的保障視同具文。例如上述「治安管理處罰條例」中規定，「公安機關有拘留人民十五日」的權限，而且「被拘留人在拘留期間的伙食，須由自己負擔，不能交納伙食費的，用勞動代替」(本條例三條一項三款、二項)。又如在上述「勞動教養的決議」中規定，對於「不務正業、詐騙行為、反革命分子、反動分子無生活出路的，長期拒絕

---

⑯ 同⑪，陳等著：《法制建設三十年》二頁。

勞動或破壞紀律、妨害公共秩序無生活出路的，不服從工作分配和就業轉業的，或不接受從事勞動生產勸導的，應實行勞動教育」（本決定第一、二、三、四款）。所謂勞動教育，即監獄中的勞役。同時中共運用「黨」和「司法」體系，實行「書記批案」，在一九五七年的「反右運動」中，對十幾萬知識分子施以「勞動教育」，到一九七八年方才釋放。關於這一段時期大陸的司法，以法籍華人包若望所著的「毛的囚徒」一書，描述得最爲淋漓盡致，因爲他本人就是獄中勞改的囚徒⑰。

㈢法律教育：中國大陸的法學者認爲，法律教育與法學的研究，也有嚴重的衰退。他說：「一九五七年，……在法學界出現了種種禁區，嚴重的阻擾了新中國法學的正常發展」。又說：「一九五九年，在黨內又錯誤的展開了反右傾機會主義的鬪爭。在左傾思想的影響下，司法部取消了，法制局取消了……法律院校師生逐漸下放，以勞動生產爲主了。……接著而來的是一連串的政治運動，法律虛無主義進一步泛濫，根本談不到有什麼研究工作了」⑱。

五、法制的破壞時期

⑰ Bao Ruo-Wang (Jean Pasqualini) and Rudolph Chelmisski, *Prisoner of Mao*, New York: Mceann and Geoghegan, 1973.

⑱ 同⑤，二至三頁參照。

中共「文化大革命」運動，一九六六年開始，一九七六年終止。在這十年之中，由於「文革派」要摧毀「當權派」的權力結構，法律制度雖然不是最主要的打倒對象，但鋒芒所至，不論是行政制度、立法運作，或司法審判，都遭受嚴重破壞。就以劉少奇而言，貴為「人民政府主席」，卻因「黨」的決定而免職⑲，不但違反中共「憲法」上的規定⑳，而且隨後又加以嚴厲的整肅把一個人的下落弄得不明不白，更無保障人權可言。對「國家主席」尚且如此，對待升斗小民更可想而知了。

在這一段時期中，「文革派」攻擊「當權派」的理由，是認為當權的右派主張法律之前，人人平等，否定了法律的階級性，此其一。認為右派不辨敵人和人民，對於「反革命」者的控告，也須尊重權利，此其二。「公、檢、法」三者之間的權力區分，被批判為過分的複雜，此其三。攻擊辯護律師制度，是延緩司法程序，此其四。批判司法幹部崇拜古代事物和崇拜外國，並以「服從法律」為藉口，來反對黨的領導，此其五。這些理論誠然五花八門，中共在大陸建立的「社會主義法制」則遭到空前的災難。

文革期間，中共為切合「文化大革命」的運動，除於一九七〇年九月六日由中共九屆中央委

⑲ 中共八屆十二次「中委會」擴大會議，決定把劉少奇永遠開除黨籍，撤銷其黨內外的一切職務，詳見一九六八年十一月二日，中共《人民日報》。

⑳ 中共一九五四年憲法第二十八條第一項之一、四款規定：「人民政府主席」的罷免，「最高人民法院院長」的罷免，均是「全國人民代表大會」的職權。

員會第二次全體會議通過「中共憲法修改草案」，並於一九七五年一月十七日由第四屆「人代會」第一次會議通過中共毛澤東思想下的「文革型態」的「憲法」外，其餘幾乎無「法制」的資料了。不過，最近幾年，西方有關中國大陸法制的著作中，較著名者，例如美國紐約時報記者包德甫（Fox Butterfield）所著的「苦海餘生」（Alive in the Bitter Sea）㉑，倫敦國際特赦組織（協會）出版的「中華人民共和國的政治監禁」（Political Impriconment in the People's Republic of China）㉒，以及華裔美人史丹佛（Stanford）大學教授李浩（Victor Li）所著「沒有律師的法律」（Law without Lawyers A Comparative View of Law in China and the United States）㉓，都詳細描繪了大陸沒有法制的狀況。

此外，在歐洲，也有不少著作描述中共在大陸實行「文化大革命運動」的情形。這些書大抵均在一九七七年前後出版，流傳世界各地。其中重要者，例如韋姬（Roxane Witke）著《江青同志》。比利時人李克蔓（Pierre Ryckmans），華名「雷斯」，著《中國的陰影》。又如法人裴理費（Alain Peyrefittle）著《中國人》。後者，最後的一章，〈成功何價〉，對中國大陸「

㉑ *New York Times*, Book, pp. 235-282, New York 1982.

㉒ *Amnesty International Publications*, pp. 15-16, 1978.

㉓ *Journal of Asian Studies*, p. 803, Vol. 39, No. 4 (August) 1980, Stanford Alumni Association, 1977. Reviewed by R. R. Edwards, Stanford California.

文革」時的狀況，更有驚心動魄的描述。

六、法制的重建時期

一九七七年七月，鄧小平復出。一九七八年十二月，中共十一屆三中全會之後，鄧小平集團在黨內取得領導上的優勢。自此之後，中共又力反過去的「左傾路線」，平反文革時期的寃獄，欲將文革十年，造成的紊亂秩序，廢弛的「勞動紀律」，浪費的「公營事業」，以及貪污無能的「國家機關」加以改革。同時，爲謀「四個現代化」的實行，必須維護經濟的持續發展，而急需一個有秩序的安全的政治環境，使人民從事勞動生產，於是著手重建「社會主義民主和法制」。中共公報說：「爲了保障人民民主，必須加強社會主義法制，使民主制度化、法律化，使這種制度和法律具有穩定性、連續性，和極大的權威，做到有法可依，有法必依，執法必嚴，違法必究」㉔。

現在根據中共在此一時期中所爲的種種措施，足以捕捉中共恢復和重建「社會主義法制」的取向。

㉔ 同❶，藍全普著：《法規沿革概況》第八頁，卽一九七八年十二月中共十一屆三中全會公報上所指示的「法制」路線和政策。

㈠從「制度方面」觀察：北京的「行政機關」、「立法機關」、「司法機關」，在原則上雖仍然維持以往的架構，但是文革期間廢除的「檢察機關」㉕，在一九七八年「憲法」上則予以恢復㉖。又一九五九年文革期間爲把「司法部」廢除，並將該部職權併入「公安部」，但到一九七九年則將「司法部」恢復㉗。又「文革」期間設置的「地方各級革命委員會」（地方政府），到一九八二年中共憲法上則改稱爲「各級地方人民政府」（本法九五條參照）。同時在一九七八年憲法（四十一條），一九八二年憲法（一二五條），亦均恢復「被告的辯護權」。至於一九八〇年修訂的「律師暫行條例」㉘，則恢復了一九五四年至五六年所仿自蘇聯的「律師制度」。據美國方面的統計，一九八一年中共全國約有六千八百名律師，專職者約五千五百人，分別在一千三百個事務所工作，落後的縣現在仍無律師㉙。

㉕ 同❼，一九七〇年中共憲章，一九七五年中共憲法，均明定「檢察權由公安機關行使」。見拙著《中共憲法論》第四一七頁、五一六頁參照。

㉖ 中共一九七八年憲法第四十三條第三項規定，最高人民檢察院對全國人代會負責，並報告工作，地方各級人民檢察院對本級人代會負責，並報告工作。

㉗ *New Ministry of Justice Interviewed*, Beijing Review, pp. 3-4, Vol. 22, No. 42 (Oct. 19) 1979.

㉘ 《人民日報》，一九八〇年八月二十七日，第四頁參照。

㉙ *Country Reports on Human Rights Practices for 1981*, Washington D.C. U.S. Government Printing Office, p. 566, 1982.

㈡從「立法方面」觀察：中共政權的「立法機關」、「全國人民代表大會」及其「常務委員會」，恢復制定法律的運作，自一九七七年以後，中共制定的、或恢復的、或修正的法律，其中最重要的法律及名稱如下：

——中華人民共和國憲法（一九七八年三月五日五屆全國人代會第一次會議通過）。

——中華人民共和國逮捕拘留條例（一九七九年二月二十三日五屆人代會常委會六次會議通過公布）。

——中華人民共和國地方各級人民代表大會和地方各級政府組織法（一九七九年七月一日五屆人代會二次會通過，一九八〇年一月一日施行）。

——中華人民共和國代表大會和地方各級人民代表大會選舉法（一九七九年七月一日通過，一九八〇年一月一日施行）。

——中華人民共和國人民法院組織法（一九七七年七月一日通過，一九八〇年一月一日施行）。

——中華人民共和國人民檢察院組織法（一九七九年七月一日通過，一九八〇年一月一日施行）。

——中華人民共和國刑法（一九七九年七月一日通過，一九八〇年一月一日施行）。

——中華人民共和國刑事訴訟法（一九七九年七月一日通過，一九八〇年一月一日施行）。

——中外合資經營企業法（一九七九年七月一日通過，同年七月八日公布施行）。

——中華人民共和國國籍法（一九八〇年九月十日五屆人代會三次會通過，同日公布施行）

——中華人民共和國婚姻法（一九八〇年九月十日通過，一九八一年一月一日施行）。

——中外合資經營企業所得稅法（一九八〇年九月十日通過，同日公布施行）。

——中華人民共和國個人所得稅法（一九八〇年九月十日通過，同日公布施行）。

——中華人民共和國律師暫行條例（一九八〇年八月二十六日五屆人代會常委會十五次會通過，一九八二年一月一日起施行）。

——中華人民共和國環境保護法（試行）（一九七九年九月十三日五屆人代會常委會十一次會原則通過試行）。

——中華人民共和國憲法（一九八二年十二月四日五屆人代會五次會通過）。

——中華人民共和國兵役法（一九八四年五月三十一日六屆人代會二次會通過，一九八四年十月一日施行）。

——中華人民共和國治安管理處罰條例（一九五七年十月二十二日一屆人代會常委會八一次會通過，按本條例係根據中共一九五四年憲法而制定刊於一九八〇年二月二十三日人民日報）。

——中華人民共和國民事訴訟法（一九八二年三月八日人代會通過同年三月十一日人民日報

刊布十月一日試行）。

——中華人民共和國經濟合同法（一九八一年十二月十三日第五屆人代會四次會通過同年七月一日施行）。

——中華人民共和國國務院組織法（一九八二年十二月十日五屆人代會五次會通過公布施行）

——中華人民共和國民族區域自治法（一九八四年五月三十一日六屆人代會二次會通過同年十月一日施行）

——中華人民共和國公民出境入境管理法（一九八五年十一月二十三日六屆人代會常委會十三次會通過一九八六年二月一日施行）

——中華人民共和國外國人入境出境管理法（一九八五年十一月二十二日六屆人代會常委會十三次會通過一九八六年二月一日起施行）

——中華人民共和國繼承法（一九八五年四月十日六屆人代會通過同年十月一日施行）

——中華人民共和國民法通則（一九八六年十二月六屆人代會通過，一九八七年一月一日試行）．

——中華人民共和國義務教育法（一九八六年四月十二日六屆人代四次會通過，同年七月一日試行）

——保險企業管理暫行條例（一九八五年四月一日生效）

——中華人民共和國經濟特區外資銀行管理條例（公布之日起施行一九八五年四月十三日公布）

——中華人民共和國集體企業所得稅暫行條例（國務院批准公布一九八五年度施行，同年四月二十日人民日報刊布）

——中華人民共和國外資企業法（一九八六年四月十二日六屆人代會通過自公布之日施行，同年四月十八日人民日報刊布）

——中華人民共和國土地管理法（一九八六年六屆人代會常委會通過一九八七年一月一日起施行）

——中華人民共和國企業破產法（一九八六年十二月二日六屆人代會常委會十八次會通過施行，實行滿三個月起施行）

——中華人民共和國全民所有制工業企業法（一九八八年四月十三日人代會通過，同年八月一日起施行）

——中華人民共和國中外合作經濟企業法（一九八八年四月十三日人代會通過之日起施行）

——關於成立澳門特別行政區基本法起草委員的決定（一九八八年四月十三日人代會通過）

——關於設立海南省的決定，關於建立海南經濟特區的決議（一九八八年四月十三日人代會通過）

——中華人民共和國憲法修正案（一九八八年四月十二日人代會通過，修正一九八二年憲法第十條、第十一條的內容）

北京自一九七九年至一九八八年五月止，曾經公布實施的法令，大約有一千四百餘件。其中由「人代會」通過的約有六十餘件；由「人代會常委會」通過的約五十餘件；由「國務院」製作批准公布的條例、決議、決定、辦法等約五百餘件；由地方省、市、自治區製作公布實施的行政法令約八百餘件；總計約一千五百件左右。目前，中國大陸上約有黑白及彩色電視機約一億臺，可供六億人口收看，是最有影響力的傳播媒體。透過電視教學、補習班、幹部班、大學及夜間部、城市的「街道辦事處」、鄉村的「居民委員會」等管道，作全國式的「普法運動」宣導。即使中共「中央政治局」的諸位委員，也邀請北京大學法律學系的教授，定期前往權力司令臺的「中南海」講授較深一層的「法律課」，蔚爲一時風氣，使全中國大陸瀰漫著在積極的建設所謂「社會主義法制」的運動中。

瞻矚當前「北京」所標榜的「法制」路線，固然是出於「文化大革命」政治宗教的破產，而不得不改弦易轍，奮力於「經濟領域法制」的建設，但積年累月，長期耕耘，民生改進時，「普法運動」當有某種程度的正面影響。

㈢就「法學教育」方面觀察：自一九四九年中共佔有中國大陸之後，徹底修訂了大學教育制度，師法蘇聯的模式，大規模裁減政治學系。一九五七年「反右派」運動中，把研究西方政治制度的學者予以整肅。「文革」中爲抹殺法律，改造社會，也關閉了各大學的法律學系。一九七七年之後，基於「現代化」的政策需要，法律學系則快速的成長。北京大學於一九七四年首先恢復法律學系的招生，招收三年制學生六十名，惟以階級成分和政治背景爲入學條件。一九七七年中共恢復大學入學考試，同年北京大學法律系恢復爲四年制，一九八〇年招收學生二三〇人，當時該系有大學生八〇〇餘人，研究生八〇餘人。目前，法律學系是北大的第一大系，由蕭蔚雲任系主任，王鐵崖教授國際法，龔祥瑞教授外國憲法，芮沐教授外國民法。以綜合西方的個案研究法與蘇聯的理論研究法，構成中蘇的獨特的教學模式㉚。惟迄目前，已有獲得法學博士學位的學生。

武漢大學於一九七九年重建法律學系，當時有學生二、〇〇〇餘人。由韓德培任系主任，學生可以選修比較法研究、外國憲法、外國民法、外國刑法、英美法、現代政治制度、外交關係、資本主義法律思潮選讀等課程，是一所與北京大學法律學系一較長短的研究重鎮。一九八一年至一九八二年有幾位美國法學教授曾在該校講學，惟限於「現代化」路線的只授商業法、契約法等課程㉛。現在學生人數更多，是培植法制幹部人才的重鎮。

大陸上各大學法律學系的課程，由中共教育部及司法部共同決定。中共的「政法學院」重在

㉚ 一九八三年美國新聞總署研究報告：《中共對美國政府及法律的研究現況》 *The State of Americau Government and Law Studies in the P. R. C.*）作者爲美國哥倫比亞大學教授 Michael L Baron.

㉛ 同前註。

訓練一批大學生，從事法律實務工作、法律代理人和公安人員，而大學法律學系則重在培植一些法學教授、研究員和法學家。所以「政法學院」的課程內容比較狹窄[32]。「北京」司法部於一九八一年九月表示，現有的十五個法律學系和政法學院，共有學生五千五百人，到一九八五年預計有學生八千人畢業[33]。中共「社會科學院」副院長張友漁說，法律學系在本世紀結束之前，將訓練出十萬個法律的工作者，卽等於目前的十倍。目前中國大陸上約有一百二十所大專院校，講授法律學課程，預期到本世紀末，要培養二十萬或更多的法制人才。

㈣就研究出版方面觀察：一九七七年，中共把「中國科學院」中的哲學和社會科學部分予以獨立，改建爲獨立的「中國社會科學研究院」，其中設「法律研究所」。一九七九年三月，中共召開全國法學研究規劃會議，擬定「七年法學研究計畫」。其法律研究所，除研究法學外，同時從事譯述工作，且有多種著作及譯作的出版[34]。至於恢復出版的有關法學刊物，重要的有以下各種：

——法學研究雙月刊，一九七八年「中國社會科學院」出版。

——民主與法制月刊，一九七九年上海法學會出版。

---

[32] 同前註。

[33] *Justice Vice Minister on Training New Lawyers*, Foreign Broadcasting Information Service, Sept. 22, 1981.

[34] 一九八〇年，《中國百科年鑑》第四四四—五頁參照，北京國際書店一九八一年發行。

——法學譯叢雙月刊，一九八〇年「中國社會科學院」法律研究所出版。
——國外法學雙月刊，一九八〇年「北京大學」法律學系出版。
——人民司法，中共「人民最高法院」出版。
——人民檢察，中共「最高人民檢察院」出版。
——人民公安，中共「國務院」之「公安部」出版。
——法律辭典，一九八〇年上海辭書出版社出版。
——全國人代會常務委員會公報，「人代會常委會出版」。
——中華人民共和國國務院公報，北京「國務院」出版。

此外，「北京」並創辦有一種專門性的「法制報」，宣傳「社會主義民主和法治」。又中共除選派大陸的法學者，分赴歐美考察法治外，同時也邀請外國法學家，尤其美國的法學家和華裔美人的法律學者到中國大陸訪問，或作短期講學，或作教授的交換，或提供基金資助外國學者研究法學。

七、法制重點的評估

法制，是文化結構體系中的一個層次，也是一個國家文化體系中最重要的層次。法制的演變，必須從社會、政治、經濟、軍事多方面的背景，尋求法制演變的態勢。研究法制，固然必須研究社會、政治、經濟、軍事等等因素，但不須一一敍述，而只能「綜約」其中的道理。所以研究法制的性質與價值時，仍然必須自法制的本身開始。

法制，從廣義來看，凡是由社會的進化，形成規範性的社會制度、政治制度、經濟制度、軍事制度，都可謂法制的一部分。從狹義言，則是指法律的體系、編制與形式，法律所採取的主義，訴訟的程序，以及法院組織的總稱而言。所謂法律體系，卽指實體法的全部架構，包括整體的法律理論體系而言。所謂主義，卽指由信仰而發生力量的特殊思想和學說而言。所謂訴訟程序，卽指訴訟的提起、法庭的審理、證據的調查、判決和執行等一切程序的總稱而言。而所謂法院，卽指行使國家司法權的審判機關而言。廣義的法院，包括憲法、行政、軍事、專門、懲戒的審判機關。狹義的法院，專指國家裁判一般民、刑訴訟法事件的審判機關而言。

上述法制的意義，是近幾百年以來，爲人類文化演進所肯定的客觀意義。現在依此標準，對中共的法制，就其中重要者，概括的作一評估和瞻望。

㈠就整體的理論論：中共一九七八年憲法序言中，不但標榜「中國共產黨領導下」，「堅持無產階級專政下」，「堅持社會主義道路」，「在馬、列、毛思想的指引下」的取向，而且於憲法第一條明定：「以工農聯盟爲基礎的無產階級專政的國家」。又於第二條第二項明定：「中華人民共和國的指導思想，是馬克斯主義、列寧主義、毛澤東思想」。接著中共又於一九八二年的憲法序言中，肯定「繼續在中國共產黨領導下，在馬、列主義、毛澤東思想指引下，堅持人民民主專政、堅持社會主義道路，……健全社會主義法制」，同時，於同年次的「憲法」第一條明定：「中華人民共和國是工人領導的、以工農聯盟爲基礎的、人民民主專政的社會主義國家」。依照以上的規定，則中共統治下的「社會制度」，是「勞動羣眾集體制」（一九八二年憲法八條）。「政治制度」是「無產階級專政制」（同法一條）。「經濟制度」，是「社會主義公有制」（同法六條）。最怪誕不經的是「軍事制度」，是「主席單獨負責制」，除「主席」對「人代會」及其「常委會」負責外（同法九三條），由於事實上該「國家中央軍事委員會」的主席，也是中共黨「中央軍事委員會主席」（中共黨章二十一條五項），原由中共「黨」的「政治局」委員鄧小平兼任，所以受「黨」的政策的支配，軍隊並不隸屬於國家，有獨特的受黨的控制的根據。又所謂「無產階級專政」的「社會主義制」。這在法典中的界說，既是對「資產階級專政」，那麼「四人幫」自稱是實行「無產階級專政」、建立「社會主義法制」，而今「當權派」也如此標榜，既然都是爲同一目的，現在的「當權派」把他們推翻，可謂矛盾之至。將這項政治專權的概念，引入嚴謹的法典之中，是立法上嚴重的缺失。

㈡就中共的權力論：凡研究共產黨的學者和專家，無不認同「黨」爲國家的最高權力機關。中共強人鄧小平說：「中共犯過錯誤，這早已由中央自己糾正了，任何人都不允許以此爲藉口來抵制中央的領導。必須按照黨的決定發表意見，不允許對黨中央的路線、方針、政策，任意散布不信任、不滿和反對意見」㉟。

又說：「公然反對社會主義制度，和共產黨領導的所謂『民主派』，所謂持不同政見者，就是魏京生之流，他們可以完全糾合在一起，成爲一股破壞勢力，可以造成不小的動亂損失。這種情況去年就發生過。今後還可能發生。階級鬪爭，仍然存在。對罪犯要採取法律措施，不能手軟」㊱。

從以上鄧小平的講話，卽知共黨的黨權在國家中最高，如果反對「黨」的路線，非但「階級鬪爭」仍然存在，而且還可以採取社會主義的法律措施，不是重刑處罰，就是永無定期的「勞動改造」。恩格斯說：「無產階級爲了奪取政權，也需要民主的形式，然而於無產階級來說，這種形式和一切政治形式一樣，只是一種手段」㊲。中共把「民主作爲一種上層建築，它總是服務於一定階級的經濟利益」㊳，非但在憲法上不規定眞正的平等的民主制度，也未嘗將「黨」與「國」的概念，明定界說，而且把「黨」當作國家的「型態」，與國家混爲一談，「以黨代政」，

㉟ 鄧小平，一九八〇年一月十六日中共中央召集幹部會議，在北平人民大會曾對萬人以上的中共幹部的講話：〈關於目前形勢和任務的報告〉。原載香港《爭鳴月刊》，一九八〇年三月號參照。

㊱ 同前註。

㊲ 一九八〇年一月二十一日中共《人民日報》〈堅持社會主義民主的正確方向〉一文，馬恩全集第三十六卷，第一三一頁參照。

㊳ 同前註。

作爲「人民民主」的舵手，實在和當代的民意政治極其不合。

㈢就憲法的政制論：中共憲法的品質，是屬於「社會主義制度」的憲法（本法一條），與蘇聯同樣是專制型態的憲法。例如它在本法三條中規定：「國家機構實行民主集中制」，所謂「民主集中制」雖說「它在國家機構中的體現是：人代會各級人民代表都由人民選舉產生，對人民負責，國家行政、審判、檢察機關對它負責，受它監督」，但簡單的說，就是把民主制度中分立的行政、立法、司法三權全部集中於「全國人民代表大會」及其「常務委員會」（本法六三、六七條）。在「黨大於法」、「國家理論支配法律理論」的原則下，由「黨」指導「人代會」，依「黨」的政策而運作而活動。

㈣就「刑法」的品質論：中共刑法是「以馬列主義、毛思想爲根據的『人民民主專政』的法律，即『無產階級專政』式的刑法」（本法一條），最大的特點有三：其一、在訴訟制度上，否定「無罪推定」的原則。其二、「沒有明文規定的犯罪，可以比照類似的條文定罪」（本法七十九條），也即拒絕採用保護人權的「罪刑法定主義」，而主張比附援引，令人入罪。其三、規定凡「推翻無產階級專政的政權和社會主義制度爲目的的，都是反革命罪」（本法九十條）。更顯示不合理性的思想專制。即使史達林憲法中，也只設了叛國罪，而沒有反革命罪。

㈤就訴訟和法院論：中共的「刑事訴訟法」，是根據「無產階級專政的經驗，和打擊敵人……實際需要制定」的制度（本法第一條）。「人民法院審判案件，依本法實行人民陪審員制度」

（本法九條）。「基層人民法院、中級人民法院審判第一審案件，除自訴案件和其他輕微的刑事案件，可以由審判員一人獨任審判以外，應當由審判員一人，人民陪審員二人組成合議庭進行。……人民審判員在人民法院執行職務，同審判員有同等的權利。……合議庭由院長或者庭長指定審判員一人擔任審判長」（本法一〇五條）。「合議庭進行評議的時候，如意見不一致，應當少數服從多數」（本法一〇六條）。「凡是重大的或者疑難的案件，……由院長提交審判委員會討論決定。審判委員會的決定，合議庭應當執行」（本法一〇七條）。

根據中共「人民法院組織法」規定。只要年滿二十三歲的公民，都可以被選爲審判員（本法三十四條）和人民陪審員（本法三十八條）。如若選擇不公，由幹部「以黨代法」，或由「被害人」充任，則審判毫無獨立可言，訴訟法反而成爲保護共產主義「社會主義法制」的合法「法」了。

㈥就檢察院組織法論：中共「人民檢察院組織法」規定：「人民檢察院是國家的法律監督機關」（本法一條），「行使檢察權，鎮壓一切叛國的、分裂國家的和其他反革命活動，打擊反革命分子，……維護無產階級專政制度，維護社會主義法制」（本法四條）。「各級人民檢察院有權監督人民法院的審判活動是否合法」（本法五條之四）。「對於違法的國家工作人員提出控告的權利」（本法六條），「行使檢察權，不受其他行政機關、團體和個人的干涉」（本法九條）。這種「檢察權獨大」的現象，不但影響司法審判的獨立，同時使「國家行政人員」動輒得咎，即使人民的一般權利，也有隨時受害的可能。

此外，在中共「人民法院組織法」上，對於中國共產黨和各級法院的關係，並沒有任何明確的規定，這項缺點在過去業已構成「以黨（委）代審」的現象；而現在中共「人民檢察院組織法」中，對於中國共產黨與各級「人民檢察院」的關係，也同樣沒有明確的規定。過去「人民檢察院」皆由「黨委領導」，依據傳統，如若仍由「黨」層層領導，不但「黨比法大」，而且導致「以黨代檢」、「檢也大於法」了。這與一般法制精神，大相逕庭。

㈦就律師辯護制論：中共在中國大陸上推動的法制，有輕視律師制度的傾向。中共律師暫行條例第六條規定，律師雖有擔任刑事辯護人的責任，但中共「人民法院組織法」第八條規定：「被告有權獲得辯護。……有權委託律師爲他辯護，可以由人民團體，或被告人所在單位推薦的，或者經人民法院許可的公民爲他辯護，可以由被告人的近親屬、監護人爲他辯護。人民法院認爲必要的時候，可以指定辯護人爲他辯護」。依照這項規定，律師只是許多辯護人的其中之一，並未確立律師在司法運作中所居的重要地位㊴。今天民主國家律師的辯護，在司法運作中已與檢察、審判鼎足而立，旨在發現眞實。但是中共視律師爲社會主義民主制中的「國家機關人員」，足見其不受重視，人民權利也因此不受保護。

㊴ 香港《爭鳴雜誌》，一九七八年八月號，王莘生、夏芝堅合著：〈評中共新法律〉一文。

六、結論

總之，社會主義的法制，是以經濟利益爲本質，以階級鬪爭爲手段。在這種社會心理型態之下，構成政治型態的集權主義；經濟型態的集產主義與社會型態集體主義，玆綜合分析如下：

㈠集權主義的本質：是由馬克思主義（Marxism）的集體思想所構成。卽將個人附屬於羣體，視團體爲個人意志最大的組合。因此「黨」成爲代表無產階級團體利益的象徵。「民主集中制」（一九八二年憲法三條）自上而下的權力組合，構成龐大的官僚法制，使人民立於臣屬（Sub-ordination）的被支配的地位，而非併立的（Co-ordination）政治平等主義。也因此同屬一國之人，在政治的運作上永遠缺乏平等的基礎。

㈡集產主義的本質：財產的分，是手段，而合（集中）是目的。中共的「計畫經濟」（憲法十五條），就是這種型態。但是一九八八年中共第七次人代會通過，將一九八二年憲法第十條上刪去「出租」，增列「土地的使用權，……可以轉讓」；又第十一條上增列「……私營經濟，是社會主義公有制的補充，國家保護私營經濟的合法權利和利益，對私營經濟實行引導、監督和管理」。依此規定，中共雖然保持了「國家所有制」的集產主義，但畢竟承認了計畫經濟的敗跡，而開始共產主義經典中不曾有的私有化。

㈢集體主義社會的本質：是在馬列思想支配之下，使整體社會中的個人成爲一個勞動的游離單體（atomized individual），在普遍的羣體主義意識下，結構成集體的社會。實行所謂「各盡所能，按勞分配的原則」（it applies the principle of from each according to his ability, to each his work（一九八二年憲法六、十、十一條）。殊不知道馬克斯襲用物種競爭之原則，鼓動世界階級鬥爭，認定社會生產制度，生產關係決定生產力。這種缺乏個體與整體和諧（harmony）的手段，不但摧殘個人的進取心，社會也陷入滯留不進的泥淖。結果中共於一九八八年「人代會」不得不修憲，而且制定「工業企業法、經濟企業法」。使個體或企業對土地有使用、讓與、出租、抵押的權利，但不得買賣。同時規定所有工業企業，自主經營、自負盈虧，並實施承包責任制。準此而言，中共經營的大陸社會，雖仍然保有集體的社會型態，但私有化的手段，畢竟不是共產主義的「家法」。

平心而論，馬克斯主義的法理本質具有人本主義的思想，也有爲大多數人設想的道德基礎，雖爲入世，但並非純粹哲理，主要的目的是在建立社會主義的秩序。中共根據馬列思想，模倣蘇聯的法制模式，雖然要建立制度化的「專政體制」，但是法制上階級鬥爭的手段殘酷，並且有階級分明的封建色彩。在「黨」分子之間的待遇上有巨大的差距，物質的享受也有天淵之分別㊵，此其一。在政治結構上，以「無產階級」爲盟主，以民主爲手段，構成偏離一方的弊端，此其

㊵ Fox Butterfield, "China, For a Fortunate Few at the Top, is Paradise of Privilege and Perquisites", *The New York Times*, Jan. 2, 1981 A6.

二。在經濟發展上，主導性的「計畫經濟」，只呈現機械平等主義的分配，養成社會怠惰的心態。此其三。爲鞏固「階級專政」，制定階級的法律，確立階級的司法制度，從事不平等的「階級審判」，此其四。爲推動「四個現代化」運動，採取外資或合資經營的企業，是共產黨經典中不曾有的制度，因之，構成內部意識型態的對立，此其五。「公安」、「警察」、「檢察」權力的膨脹，雷厲風行嚴密的特務統治，滋生社會心理的恐怖，此其六。軍隊由黨或個人領導，「軍隊未嘗國家化」、「人治大過法治」，潛伏政治的危機，此其七。馬克斯誤認社會生存關係爲對立關係，是破壞社會秩序的惡煞，此其八。法律工具論，欠缺普遍的法律正義、和平、秩序的終極目的價值，此其九。中共文革十年，法學教育荒蕪，缺乏司法人才，尤其過去權力結合路線的鬪爭頻仍，四十年來，有一篇血跡斑斑的記錄，朝令夕改下，制度不易生根，此其十。

綜此十端，中共欲建立社會主義的法制，是一項非常艱鉅工程。須知民主世界與共產世界，皆有法制，前者的特質，是政府及黨在社會自然變遷中，建立規制，一切均在法律之下，惟法是從。後者的特點，是黨和領導階層設計一種社會規制，要求人民守法，而黨和領導階級都在法律之上，由此觀之，今後卽使中共建立了法制，亦並不表示其有民主的成分；卽使制定了許多法律，亦並不等於其有法治，殆可肯定。

由洞庭湖說起：中國大陸生態環境的變與刼

黃瑞祥

一、前言

要瞭解農業生態問題對人類經濟活動和生活品質的重大影響，我們需要從生態系統的組成及功能運作說起。

人類生存生活的自然環境，是地球歷經四十六億年的漫長演變而形成。地球環境由太陽能、大氣圈、水圈、土壤岩石圈及在這三圈交匯處適宜生物生存的生物圈所組成。在生物圈內，生物與環境（空氣、水和土壤）之間，生物與生物之間有著相互依存、相互影響的關係，它們在太陽能的推動下進行物質循環和能量傳遞，形成一巨大複雜的生態系統。在生態系統可負載的範圍內，隨著物質能量的進出，各種動植物族羣的組成比例和存在數目，維持著近乎穩定的狀態，這種自然界動態平衡，從而構成地球環境萬物競新，生生不息的景象。因此我們瞭解人類在農業運作中，欲求永續性開發和利用自然生態資源，必需要㈠、維持基本的生態過程和生命維持系統，如土壤形成與保持，養分再循環與平衡，與空氣和水的淨化。㈡、保持生命遺傳的多樣性，如保育動植物資源，使不致滅絕。㈢、保證生態系統（卽動植物、微生物和非生物系統）和生物物種的持續利用。

大陸中國農業發源長久，在浙江餘姚縣河姆渡的考古遺跡，發現去殼稻米，經碳十四測定，已有八千年之久，亦卽新石器時期已有農業雛形。距今五千至六千年左右，種植業與畜牧業就比較發達，不僅家有餘糧，而且還採集水生植物。這些經驗和技術五千年前就傳入朝鮮、日本，而後又傳入東南亞各國，逐漸形成區別于西方的東方有機農業。因之中國自古以農立國，數千年來，長期保持良性循環的生態農業是傳統農業生產的特質。這也是中國文明過去堅靱屹立，綿延不絕的基石。

然而，近年來中國農業生態環境已遭到重大的破壞和汙染。種種惡兆，如農漁獲量大減，湖泊淤塞洪澇頻仍，乾旱發生頻率劇增，水土流失與汙染，耕地面積銳減等，已警示著中國人長久安身立命的大地日益酷劣，資源日漸耗竭。本文將說明中共農業生態問題的肇始及其深遠影響，希望藉此能加深我們對於大陸現況的認識。以下就一九四九年至一九八七年間中共政策對大陸環境破壞以及一九七九年後的汙染問題討論。

二、大陸陷共至一九七八年以前的環境破壞

在這近卅年期間，中共推動了許多大規模的羣眾運動，例如大躍進、大煉鋼、以糧爲綱、農業學大寨及文化大革命等，在強調糧食增產之餘，更要求各地糧食定產任務。這些政治運動沒有充分考慮增加農業生產的條件，也忽視了地域生產分工的重要性，對農業佈局造成嚴重混亂。一九五八年後大規模毀林開荒，圍湖造田及毀草開墾等舉措，又破壞了大片的農業生產邊際地帶（森林、湖泊、沼澤、草原及山地等），關係農業命脈的水土資源因此大量流失。茲分述其肇始及影響如下：

一、森林砍伐

森林是自然界物質和能量交換的重要樞紐，也是創造和保護良好大農業生態環境的基礎和主力。森林不僅爲人類提供木材及其副產品，而且在環境生態體系中有著涵養水源、保持水土、調節氣候與平衡土壤養分循環等改良淨化環境的作用。這對於森林資源缺乏且嚴重水土流失，飽受旱澇所苦的中國，尤其重要。

遺憾的是，中國森林面積在一九四九年之後，不僅沒有增加，迄今仍以驚人的速度消失。而

破壞的肇因，不外爲執行以糧爲綱的政策，毀林開荒、增加耕地面積；國營林場過量伐採、伐大於種；非法盜木、燃料不足、人民取薪用材及大規模的火災。這些現象又以森林較集中的東北、西南地區最爲嚴重。近年來發生在中國大陸上的颱風、冰雹、水災、熱浪和旱災等天然災害，部分固然是因爲近年來全球氣候異常所致，大陸自然生態環境受到破壞，也不無影響。據研究，一個地區的森林覆蓋率達到三〇%以上，而且分布平均，就可以有較好的生態平衡，較少突發性山洪暴發，與土石沖刷的情形，反之，則易遭天災之害。

以夙稱「天府之國」的四川爲例，五〇年代初期，四川還是大陸森林比較多的一個省，覆蓋率占全省總面積一九%以上，但在一九五五年以後，經過「以糧爲綱」，「大躍進」上高爐大煉鋼及文化大革命等幾次政治運動，一九八〇年陡降到一三·三%。迄今，全省一百八十二縣，森林覆蓋率有三〇%以上者，僅有十二縣，九十一個縣森林面積在一〇%以下。川中農業地區五十三個縣，幾乎近半數的縣森林覆蓋率不到三%，有的甚至不到一%。

四川境內岷江上游過量伐木的結果，使七〇年代岷江枯水期水流量較五〇年代減少了一〇%，含沙與輸沙量卻增加四〇%，森林採伐跡地的洪峰增大了二至三倍。再如川西藏民及彝族居住的阿壩、甘孜、涼山等金沙江上游，在數萬名東北伐木工人進駐十多年之後，森林覆蓋率自四〇%跌至一四%。濫伐山林所及，地面逕流增加，暴雨常浹帶大量泥沙滾滾流失，河道渲泄功能遽降。不少地方泥石流、滑坡和山崩相繼發生，被沖走的泥土都流入長江，又禍害下流。一九八一年長江洪峰到達重慶時，長江流量每秒達八萬立方公尺，含沙量達千分之七，比二十年前增加了一倍以上。另一方面，泥沙淤積已造成湖北宜昌以上的河段河床比坡面高了十至十五公尺。對於夏秋之間，洪峰一到，兩湖、安徽等地的人民便岌岌不可終日。

再以開發較晚，森林資源豐富的雲南爲例，在一九五○年代，大躍進期間，雲南省提倡一戶多種一畝地，農業局更設有開荒辦公室，結果全省刀耕火種毀林開墾，一年內就有六十多萬公頃的森林被燒毀，森林覆蓋率從一九五○年的五五%降到一九七五年的三○%。

另外值得一提的是，位于中國西南的傣族居處的西雙版納縱谷地帶。這個地區北有高原屏障來自西伯利亞的寒流，西南有來自印度洋的季風影響，形成溫暖、濕潤、靜風的熱帶氣候，加上當地地質古老，地形複雜，以及第四紀冰川影響的轉移，熱帶植被十分繁茂，雖然覆蓋面積僅佔全中國大陸的○・二二%，已知的高等植物卻有三千五百種之多，佔全國植物種類的一二%。同樣地，動物種類也多；全區鳥類和獸類種類佔全國的三分之一和四分之一。這種由數千種動、植物構成的宏偉而奧秘的熱帶原始森林，不愧有「熱帶寶地」之稱。

可是西雙版納地處熱帶氣候的北緣，濕熱系數的比值已在將近臨界點上，植被分布具有明顯的過渡性特點，也就是這種生態系統十分脆弱，一旦破壞，不再復生。一九四九年，西雙版納森林覆蓋面積爲一萬六百平方公里，後來卻因爲中共執行各地糧食自足的政策，與大規模墾植橡膠樹，現在的面積已減爲五千三百平方公里，森林覆蓋率由五五%下降到二八%，按這個速率，西雙版納的天然森林在本世紀末即將完全喪失。隨著森林面積減少，引起了水土流失，河川流量減小，使動物種羣也失去了良好的棲息繁衍環境，珍稀動物與特有植物處於瀕臨滅絕境地。另一方面，由於潮濕溫潤的熱帶森林大量消失，當地氣候也有顯著變化，根據西雙版納氣象站資料表明，一九七一、一九七四、一九七五年曾出現攝氏五度以下的低溫，使三分之一以上橡膠樹等熱帶作物遭受寒害。當地年霧日天數也較過去顯著減少，相對溫度降低，旱季一至三月份平均氣溫增高，氣候由過去的溫熱向乾熱轉化，由於地表反射率和氣溫昇高會造成溫差增大和微氣候環境惡化，導致橡膠樹生育並沒有預期理想，產膠量極低。

西雙版納之外，海南島的自然環境也未能倖免。近年來中共雖然大力推行海南經濟特區的建設，卻因爲森林遭到濫伐造成海南島荒山荒地六十萬公頃，占可用地面積的一八·五%。而海南島主要河流的水文資料顯示，七〇年代河流流量洪枯比（一一·四：一）較六〇年代（八：一）增加四〇%，卽枯水月流量進一步減少，洪水月流量進一步增大；旱年變頻、旱期變長，由五〇年代的兩年一春旱，三年一夏旱到七〇年代的一·三年一春旱、一·七年一夏旱，連旱天數增加了三至五倍，作物年平均受害面積，也由六〇年代的五·三萬公頃增加到七〇年代的七·三萬公頃，迄今糧食無法自給自足，在這種情況之下，中共海南建省，成敗可卜。中國大陸的另一個最主要林區是東北大興安嶺（森林蓄積量占全國四〇%），它是松嫩平原的天然屏障，也是呼倫貝爾草原的水分涵養基地。但這個地區的南部地帶，由于多年來不合理的開發和火災，大面積森林受到破壞與超採。在一九四九—一九七八年間，砍伐的木材達十一億立方公尺，但新生長量只有六億立方公尺。在一九六四—一九七八年間，又有二千平方公里砍伐跡地沒有造林，而全中國大陸主要林區有八千平方公里伐區尚未造林。由於森林只伐不造的結果，植被也漸由過去鬱茂之喬木森林，退化成矮灌叢，甚或草原，當地氣候更有乾燥化的傾向。

鄰近大興安嶺的三江平原（黑龍江、烏蘇里江、松花江匯集而得名）素有「大穀倉」之稱，在一九五八及一九六八年亦有大規模伐林開荒的舉動。由於沒有森林帶的保護，使風速和蒸發量加大，大風次數增多，從而加重春旱的嚴重，一九七八年國營農場受旱絕產的小麥面積卽達四點六萬平方公里。再者風蝕強烈已有「黑風暴」出現，大面積黑土層變薄，蓄水能力和肥力下降。由於農業生態環境惡化，中共曾於一九七九年召開「三江平原問題科學討論會」檢討。事實上，多年來中國大陸森林過量採伐，只砍不種和森林火災，使得一些老林區已經瀕於無林可採的局面。根據一九八三年中共統計年鑑顯示，大陸現存森林覆蓋率爲一二·五%，與世界平均的三一·三%相去甚遠。近日中共報載，在七五期間，爲支援「四化建設」的政策，中國森林面積仍以每年一萬三千三百平方公里速度下降。如此再過幾十年，一切可以採伐的森林將被砍光，中國農業生態環境將更爲惡化。

一九五〇—一九五八年間，大陸每年平均有二十萬平方公里面積受旱澇之害。一九七二—一九七七年增爲三十五萬平方公里，占全國三分之一可耕地。這表示農業生態劣化，抗災能力顯著降低。如逢天氣異常，則各地嚴重災情不斷，無可避免。

二、圍湖造田

在中國大陸的長江流域，湖泊密佈，自古以來，便不斷有附近的居民圍湖造田，但是規模十分有限。自從中共實行「以糧爲綱」的政策，這種做法成爲「官方計畫」的一部分，於是各地毀塘種糧，致使大陸江河、湖泊的水面逐年縮小，引起水域環境變遷，淡水漁業資源遭到破壞，魚產量連年下降。據統計，一九五九—一九七八年間中國大陸圍湖造田減少湖泊水面達一萬三千平方公里以上。淡水魚產量占全國水產品的總產量，由一九五九年的四〇%下降到一九七八年的二三%。

素有「千湖」之稱的湖北省，原來境內湖泊是星羅棋布，水產資源相當豐富，全省有千畝以上的湖泊一千零六十五個，現已減少不到五百個，水面面積減少四分之三。

地理課本上的中國五大淡水湖，也遭到坎坷的命運，原先名列第三的鄱陽湖，現已躍升第一位，但是在一九五四—一九六二年間，湖面也由五千零五十平方公里縮小爲三千八百六十平方公里，圍湖墾地近一千二百平方公里。安徽省巢湖可使周圍地區每年無霜期延長二〇—四〇天，圍湖造田後，削弱了湖泊對四周環境的調節作用，引起氣候惡化，危害農業生產。江蘇省太湖流域（包括河道），造田達四萬多公頃，超過太湖面積約十分之一，喪失六十多億立方公尺的容積。

結果雨季時洪澇積水嚴重。相對地，枯水季節水資源缺乏，不足供應上海、杭州、嘉興等地區工農業用水。在文革期間，「抓革命促生產」，連雲貴高原上的明珠如滇池、洱海及草海等湖泊有灌溉、發電、航運、養殖等多種用途，也難逃填湖命運。

歷史上曾經是我國最大淡水湖的洞庭湖，在一九四九年之後到一九七六年間的統計，平均每年縮小九六．七平方公里，其中有的年份竟達二四五平方公里。如此一來，洞庭湖湖面縮小了三分之一以上。再加泥沙從長江及湘、資、沅、澧四水不斷淤入（平均每年一億噸），使洞庭湖湖床每年平均抬高四公分。湖面過快萎縮的結果，導致減少了抗旱水源，因調節洪水的功能日益減小，加重水災的威脅。此外，泥沙淤積，也嚴重堵塞了航運水道。目前湖區的產魚量雖然下降，犧牲湖面而圍墾的垸田，因旱澇影響，利用率平均尚不到五七%。耕作粗放，糧食產量也低於一般水準。一九八八年夏天，更有湖南垸堤被洪水沖毀，大片垸田淪爲水鄉澤國。

清代袁枚乘船路過洞庭湖時，看到湖面日漸縮小，曾很感慨地寫下了「春自生，秋自槁，須知湖如人老」的詩句。據科學家估算，如加人爲圍墾，上游泥沙淤積等因素，洞庭湖將在本世紀末消失。到時整個湘北平原、江漢平原和武漢地區將沒有洞庭湖吞吐洪水而有遭特大洪患淹沒之虞。如此圍湖造田，導致生態平衡失調，對農漁業生產與人民生活均造成不利影響，可謂得不償失。

三、濫墾草原

中共「以糧爲綱」的方針不但破壞了糧食和其他經濟作物之間的比例，而且破壞了農業與林業、牧業以及漁業之間的比例；爲了毀草開墾，不但破壞了畜牧業，而且破壞了植被，擴大了沙漠的面積。

一九五九年冬大躍進期間，中共在青海省發動全民開荒運動，在一年內開墾草原爲耕地的面積竟達八、一三三平方公里。按歷代經過兩千四百餘年到一九四九年，青海省耕地才發展到四、五四〇平方公里。如此瘋狂燥進的作法，影響了當地畜牧業的生產。從一九五九—一九六一年，連續三年，當地的糧食總產量分別下降一一・〇%，二〇・八%，五・三%。牲畜總頭數分別下降二七・四%，九・八%和五・二%。人民生活下降到岌岌可危的地步。因此「大躍進」三年，動員大量人力機械，一味追求擴大耕地面積，違背自然規律，結果粗耕粗作，草原即退化或碱化、沙化，成爲不毛之地。盲目墾荒的企圖，可謂徹底失敗。青海的悲劇，亦在新疆、蒙古等草原地帶重演。

中國大陸西北、塞北及東北草原在蒙古高原邊緣，冬季大陸性高氣壓盛行，風疾乾燥等自然條件極爲惡劣。淺薄表土下的沙粒賴牧草保護才不被風吹跑。濫墾草原，種植糧食作物，不但糧食不易收成，而且引起沙化，大量淹沒草原和農田。據統計，一般開墾一公頃草原要沙化三倍面積。

內蒙古自治區伊克昭盟在一九四九年以後，四次開墾草原，造成沙化面積達一萬二千平方公里，占全盟總面積的一三%。風沙南侵，農業也受其害。中國大陸荒漠化面積在一九四九年之後，卅年間新形成了二·七萬平方公里，而中國千年歷史才形成了十二萬平方公里。還有潛在荒漠化危險的土地達一五·八萬平方公里，全中國大陸草原退化面積已有五一萬平方公里，占可利用草原面積的二三%。

破壞草原容易，至於要安定或恢復沙漠化草原，可是回天乏術。如黃河三面環繞的鄂爾多斯高原在漢朝時為匈奴單于天庭駐紮所在。其沃美饒富著稱的草原在歷經漢唐朝代，墾殖破壞後，開始有沙漠化傾向。毀草開荒，於今為烈。現在大片如毛烏素沙漠已形成且南移擴大情形極為嚴重。近年來中共在聯合國及日本經濟援助下，發動大量人力，試圖在該地區大規模造林，計畫築成六道「綠色長城」，以阻止沙漠擴大。其成效如何，尚在未定之天。

四、南方丘陵的破壞

一九六六年文革之後，學「大寨」的運動如火如荼地在大陸各地推行。所謂「農業學大寨」，即是將山西省昔陽縣大寨生產大隊的生產經驗列為全國學習的樣版，不顧各地氣候、地理條件及農業生產類型的差異。當時有誰對大寨及其做法表示有所保留，便會被扣上「反革命」的帽子。

所謂「大寨經驗」，只是發動大批民工，修墾梯田，將坡改梯，陡改緩，薄改厚。在厚達百公尺以上的黃土高原區，大肆築壩淤地，修建水庫。結果只治溝不治坡，單在一九七七年，山西省境內大雨沖垮的土壩便高達二、八二六座。垮了修，修了又垮，年復一年。

同樣的樣版到南方丘陵區域，更產生「南橘北枳」，水土不調的後遺症。因爲南方亞熱帶及熱帶丘陵地帶的水熱條件充沛，土壤強烈風化，表土淺薄，不若北方黃土層的深厚，且底土爲強酸性紅壤。如一律砍伐原來山林，闢爲大寨式梯田，則強酸性底土裸現，作物無法生長。雨季來臨時，山區水土保持受到嚴重摧殘。旱季時，丘陵邊坡原是種植需水較少的旱作物，改爲梯田種植水稻後，就變爲望天田。而華國鋒竟然在一九七五年的「全國農業學大寨」會議上，還希望全大陸二千多個縣，再苦戰五年，以期到一九八〇年時，有三分之一以上的縣可以建成大寨縣。鄧小平上臺後，種植「大寨」式的神話，終被揭穿。可嘆的是這場「政治掛帥」的鬧劇，竟然在全中國大陸已上演達十二年之久。西南方（含四川盆地）廣大的丘陵區也已遭到嚴重破壞。

針對這些無可補救的錯誤，一九八一年三月中國科學院農業現代化研究委員會在一篇報告中也承認：「三十多年來，農林牧漁各業在大多數地區進行的是掠奪式經營：對耕地重用輕養，取多補少，導致地力下降。對森林資源亂砍濫伐，重採輕造，採伐量超過生長量；草原只取不補，只墾不養，超載過牧，造成草原大面積退化，有的出現沙漠化。漁業生產，酷撈濫捕，資源日漸衰竭。這種落後經營，破壞自然生態平衡，使農業生產陷入惡性循環」。未來，可以預見的是中華民族的生存空間日漸酷劣，農業生態問題日趨嚴重。

綜合分析近四十年來中共農業生態破壞的原因，我們首先需要檢討中國傳統「辟土殖谷日農」的觀念。自來人們除了希望闢地種植，收穫穀糧之外，不瞭解其他邊際土地仍具重大安定並維護農業生產的作用。事實上，在大農業生產結構上，是以生態平衡爲前提，農林漁牧必須在能量和物質的交換轉移上相互循環交融的。如森林植被給農田涵養水源，保持水土，調節水量，改善氣候；如湖泊池塘不惟提供灌溉、防洪之利，而且經營得當，則「魚鱉蝦蟹之類不可勝食，芰荷菱芡之實不可勝用」；孤立地突出糧食生產，反而打亂農業生態體系的內部均衡關係，違背了因地制宜原則。過去「篳路藍縷，以啟山林」的改造自然，是應當三思的。再者，中共多次的政策誤導，亦難辭其咎。

首先在人口政策方面，毛澤東迷信「人多好辦事」，佔據大陸初期，對於人口成長不但沒有適當的控制，而且爲了對抗蘇聯，準備人民戰爭，更鼓勵生育報國。在中國大陸九百六十萬平方公里中，僅有九・六％的耕地，卻需供養十億多人口，亦卽世界人口的二一・七％，人口壓力相當沈重。因此在「生齒日繁，人稠土狹，不足相供」的情況下，必然「田盡而地，地盡而山」的摧殘山林，破壞生態平衡。

近年來，中國大陸農產品價格大幅上漲，除經濟改革、農業技術落後和天災頻仍爲近因外，中國大陸人均土地資源短缺，亦爲重要導因之一。

此外，中共與蘇聯交惡，影響也頗深遠。一九五七年之後，雙方關係卽不斷惡化。一九六〇年十月，蘇聯宣佈停止對中國的一切援助項目。一九六三年之後，中、蘇共正式決裂。一九六六年，全面防範蘇聯，開始備戰備荒。中共一方面要求全國各地糧食需要自給自足，另方面下令北方都市「深挖洞，廣積糧」，做好打「人民戰爭」的準備工作。為了防備東北、華北遭受蘇聯空襲而癱瘓，更將重工業向三線（四川、湖北）轉移。這種種反蘇備戰措施，使工業發展停滯於重工業，而農業投資不足，生產極為低落；再加上砍伐山林等破壞生態的不良影響，付出的代價極為慘重。

與蘇聯的關係影響尙且有限，中共集權，政令執行未因地制宜的後遺症，卻波及各地。原本農作物生長，必須考慮其特有的生長習性及適應範圍。以政治方式來解決農業生產問題，誤謬是可以預期的。例如「以糧為綱」政策的執行，就忽視了地域生產分工的重要性，使得農業佈局嚴重失衡。每年三月十二日植樹節，中共中央發動大陸二億人植樹造林，東北就有人反映，那時節當地還是冰天凍地。而在雲南、海南島正值旱季末期，又沒有雨水滋潤，種植苗木，根本難成活。然而每年的植樹節，相同的措施仍然一再發生。

中共實行共產主義，土地及其一切資源均歸國家所有，這造成對農業發展的另一層障礙；因為農民只對土地進行掠奪式的耕種利用，並不重視資源的長期保育與再投資。中共當權者亦深知此為其長期經濟生產的致命傷，乃有一九五二年個體農，一九五四年至一九五七年間農業生產初級合作社和一九八一年之後的包產到戶和聯產承包責任制的實施。惟其政策搖擺，無法取信於民。

一九四九年之後，中共政權就一直處於奪權鬪爭之中，政策規劃執行缺乏一貫性和穩定性。文革十年，全中國大陸更陷於無政府狀態。對於農業生產和資源利用，沒有正確處理短期利益和長遠利益的關係。在一九五〇年代，中國科學院爲了制定黃河流域規劃，曾動員數百名科學家在華北平原進行大規模土壤調查，明確指出該一地區低產的癥結是旱、澇、鹽、鹼的綜合危害，提出以水利排水，改土培肥相結合的綜合治理方案。然而一九五九年，爲了片面達到糧食增產的指標，盲目引水灌漑，有灌無排，只蓄不泄，結果一九六一年引起大面積土地鹽鹼化，較一九五八年增加了二萬平方公里，農業大大減產，悔不當初。

現在聯合國經費支援下，中共正進行「黃淮海鹽鹼地綜合治理計畫」，措施包括「平田整地、深翻改土及開溝淋鹼」等，耗用大量人力。覆轍未遠，中共爲解決華北乾旱、缺水問題，現又有浩大「南水北調」計畫，急就章的蠻幹。目前，許多大陸學者反對此項工程，理由包括：長江水北引將影響蘇南地區農業灌漑，再造成華北土地鹽鹼化，改變淮河湖區生態，長江工農業污染物將隨江水北流而嚴重破壞江北的環境，工程投資不貲及耗用大量電力抽水，恐利不及費等等。

由此反映，中共並沒有先做好整套的規劃，綜合考慮經濟生態評估，卽又草率行事。俟後如黃河三門峽水庫工程的教訓，因錯誤設計，以致一再改建，損失重大。

三、結　語

在回首檢討中共在一九四九年至一九七八年間的種種農業生態環境的破壞及一再出現的政策誤失，著實令人寒心。在近世紀工業革命以來，農業發展的特點是規模大，速度快，效率高。自然資源投入經濟周轉的速度也大大加快。自然農業生態系統的變化也相對加速，如果不合理利用，所造成的破壞也是大規模的，後果極其嚴重。蘇聯赫魯雪夫好大喜功，在中亞哈薩克斯坦北部半乾燥草原，三年之內開荒三千萬公頃，結果引起黑風暴，將草原變成沙漠。這些教訓值得世人警惕。

在一九七九年之後，中共進行其「四個現代化」及大步伐的「經濟改革」，希望在本世紀末實行工農業年總產值翻兩番的計畫。但是觀察在近十年來的中國大陸變化中，環境汙染的問題嚴重，並不下於過去環境破壞的程度。而其中差異只在於前者汙染更是集中於人口稠密農業發達，諸如長江三角洲、粵江三角洲等精華區域。強調農業生產，包產到戶，使得農民過量使用農藥、化肥，不僅汙染土壤，影響農作物生長和微生物、昆蟲族羣平衡，而且也造成耕地土壤惡化，引起水質的「富營養化」，產生種種致癌作用的亞硝胺等物質。

中共為發達輕工業並利用充沛鄉村勞力，又鼓勵在生產隊中辦工農企業。其中以蘇南（無錫、蘇州及上海地區）最爲積極。在一九七九年至一九八八年間鄉村工業產值已佔江蘇省工業產值一半。連中共著名的社會學家費孝通也支持這種農村辦企業的模式，認爲可以增加農民收入，又可支援農村生產及步入世界貿易的舞臺，可以說是中國農村眞正開始產業革命的歷史性發展。遺憾的是，這些企業當中，輕紡、化工、電鍍、印染、冶煉、翻砂、造紙、化肥等有高汙染性的企業占社隊總數的三分之一到二分之一，個別地區高達三分之二。在其生產設備較差，技術水準較低，科學知識較缺，環保措施設備不足的情況下，鄉間星棋羅佈的小型工廠，汙染面積相當廣大，不僅汙染附近水質，而且破壞了附近一大片耕地土質，造成糧食汙染及減產。附近居民健康也受到嚴重影響。如此一來，中國大陸有效耕地面積，在七五計畫前二年，因道路及產業建設等減少達約六·七〇〇平方公里，另有一五%的土地已遭受汙染。

假設環境汙染無法適時獲得改善，而中共當局仍只看見眼前利益而忘記過去的教訓，只看見局部利益而沒有計算遠期高昂社會成本的付出，可以預見的是，對於在本世紀末中共欲實現中國工農年總產值翻兩番的經濟發展，帶來的將是負數而不是正數。

中共的新聞改革及其傳播策略

朱　立

一九八〇年的中國大陸，是改革的年代，新聞媒介也未能免除。最近「人民大學」的輿論研究所所長甘惜芬作了一項調查，訪問兩百多位知識份子和高級幹部，結果有百分之九十一的人不滿意大陸的傳播媒介。

從一九五七年之後，中國大陸的新聞傳播媒介已出現嚴重的問題。當時的「反右鬥爭」使很多知識份子入獄。接下來十二年文革期間，(六五年至七六年或七七年)報紙、雜誌內容差不多，電視、廣播節目也差不多，電影更是「千片一律」。用大陸的術語說新聞報導是「四話横行」，四話卽指「假話、大話、空話、套話」；此外，文章也異常地冗長；「人民日報」只有六版，但往往一篇文章就佔了五版，這種情形甚至在八二年的報紙中仍可看到。

一九七六年九月毛澤東死亡，不到一個月，四人幫被捕，爲了加強新聞媒介的宣傳功能，以推行現代化的政策，自八三年至八五年間，大陸上不斷有人提議訂定新聞法，以法律保障新聞記者，使新聞報導更開放。

另方面，整個大陸經濟情勢的改變，也是一個重要因素。一九七九年，鄧小平迫使華國鋒下臺，第二次復出，這一年年底，中共召開第十一屆三中全會，其後，農村推行責任制、承包制，後來都市又出現個體戶，整個經濟體制，也由過去的所謂中央計畫經濟，慢慢走向市場經濟。這種種改變，使得農民、個體戶對資訊的需求開始增加，而當時的新聞傳播媒介不能滿足他們，因為媒介以黨的政策宣傳為主，從傳播者觀點出發，要民眾知道什麼就登什麼，從不考慮讀者的需求。

《市場報》於是在八〇年左右應運而生，創刊不久卽有一百多萬份銷數。《市場報》是一種小型報，不談國家大事，專登消費消息：例如哪有電視賣、哪有收音機賣之類。這類報紙在八〇年代出現很多，也很受歡迎。

對於農民而言，說來矛盾，中共自稱是工人、農民的黨，大陸有《工人日報》，卻一直沒有《農民日報》。農村推行責任制後，農民開始迫切需要吸收改良品種、施肥等資訊，一九八一年《中國農民日報》才創刊。同時地方報紙與科技報也相繼出現。大陸約有二千多個縣，大約有五十個縣有縣報。科技報則提供科技消息。上述農民報、縣報、科技報多是三日刊或五日刊，農民日報原本也是三日刊，後來改為日報。這些報紙之中，許多都是八開的小型報。

經濟改革還有一明顯的影響是廣告的恢復。在過去，廣告被認為是資產階級的產物，媒介便沒有廣告。進入八十年代，由於經濟結構、政策的改變，廣告又出現，報紙、雜誌、電視、廣播都有廣告。

經濟改革之前，一切政策由中央決定，傳播的方向是由上而下，經濟改革卻使水平方向的傳播變得重要，更有人提出下情上達。這是經濟因素推動了新聞改革。

第三個影響新聞改革的因素是社會因素。相對於前二者，雖然目前影響最弱，但亦不可忽略。七九年春天，北京出現民主牆及許多大字報，當時外界稱之爲「北京之春」，許多民主人士如魏京生等要求言論自由，魏京生更說，沒有第五個現代化——自由化、民主化——就沒有四個現代化。因此在一九七九年時已播下新聞改革的種子。

大陸上有許多知識份子，人有知識就會思想，用大陸話說「人有知識就會反動」，他們認爲過去有很多問題就是因爲沒有自由造成的，言論沒自由、新聞沒自由，才會發生像文化大革命、大躍進、反右這樣荒唐的運動，社會上於是出現要求新聞自由、民主自由的呼聲。

八〇年底香港出現一份用簡體字打出來的「中華人民共和國出版法草案」，是由北京大學學生起草，希望香港同學簽名支持的。其中有一些看法，當時大陸絕不可能接受，現在、甚至可見的將來也不可能接受。譬如，草案引用馬、列的一些看法，指出馬克斯、列寧也講新聞自由，列寧更說過，有言論自由不够，還得有生產工具（新聞傳播媒介）才行，因爲聽街頭演講的人畢竟是少數，有傳播媒介才能將言論傳播給廣大的羣眾。這幾個學生就在草案中建議，政府應該拿出錢來支持民主黨派及人民團體辦電臺、報紙、雜誌。這個草案結果當然是無疾而終。

這類例子很多，上海《文匯報》創辦人徐鑄成，七九年八月來港，他不是共產黨，屬於「愛國民主人士」，他提倡以法律保障新聞自由，並應容許民辦報紙。

共黨內部也有比較開明的人，如「人大常委會教育、科學、文化、衞生小組」的副召集人胡績偉，他提過好多次要立法保障新聞自由和新聞記者。

大陸還有一位以寫「報告文學」（卽報導文學或新聞文學）出名的記者劉賓雁，他提出很多尖銳的批評，抨擊官僚作風、幹部貪污。他在五七年被打爲右派，七九年才獲平反，之後他寫了最有名的文章《人妖之間》。一九八六年他到福建參加《福建靑年》復刊百期紀念會時應邀演講，提到一段話：「在西方資產階級的社會裏，新聞是行政、立法、司法是國家三個部門之外的第四部門，在我們社會主義國家，遲早也會走這條路，使新聞成爲行政、立法、司法外的第四部門，彼此平行，監督黨及政府的運作。」後來劉賓雁被開除黨籍，這個主張是非常重要的一個原因。

由此可以看出，由於中國大陸經濟政策開放後，西方自由思想傳入，加上本地知識份子反省，在政治、經濟、社會思潮衝擊下，新聞改革的口號便提出來了。那麼新聞性質與功能的變化又是如何呢？

在八〇年代提出開放、改革前，中共對新聞傳播媒介的看法是工具論；傳媒是共黨用來教育、武裝人民思想的工具，這從胡耀邦及很多人的言論都可以看得出來；此外，中共認爲媒介須有很強的「人民性」，它是人民的喉舌，代表人民說話；第三是黨性，黨性和人民性又不可分，因爲黨代表人民，所以所有新聞傳播媒介都應是黨委的機關報，只能替黨中央宣傳其思想、政策。更重要的一點是階級性，馬克斯的思想認爲，無產階級辦的報紙爲無產階級服務，資產階級辦的報紙爲資產階級服務，大陸的報紙是中共領導，共黨是無產階級，所以報紙當爲無產階級服務。

由於是工具、有階級性，大陸的新聞傳播媒介有一重要特徵，即絕無一點獨立的個性和任務，一定要替黨服務。在新聞改革中，很多文獻都強調，傳播媒介一定要做黨的喉舌，替黨說話。八五年二月八日胡耀邦有一篇重要的演說叫「關於黨的新聞工作」，就再三再四強調這一點。八六年八月宣傳部副部長滕藤，在東北召開一項全國省報總編輯會議，也特別說傳播媒介是黨的喉舌。

由於媒介不能有個性、自己的任務，因此其工作、內涵、方法一定逃不出黨中央政策。從過去的歷史很容易看出。一九五七、五八、五九年，推動所謂「大躍進」、鳴放，大家就鳴就放了，上面說不大躍進了，馬上就停止，收放自如。七三年說批林批孔，大家就批林批孔，還不可不批；七五年批鄧，大家就批鄧；四人幫垮臺就罵四人幫；現在的任務則是四個現代化、經濟開放、經濟特區等。像胡耀邦所說，新聞傳播媒介的工作和任務是跟著黨的任務、政策和方針的轉移而轉移。

但是所謂「喉舌論」在新聞改革中終於引起了爭論。因爲要做好喉舌先要做好耳目；先要能聽，才能形成良好的政策來傳播，但是這一點還在爭論當中，並未落實。一九八八年初，上海復旦大學教授張黎洲，提出「下情上達」的觀念，指出耳目就是要下情上達。過去的一年，還有很多人提出「輿論監督」。這些都是在思想上的變化，前述的工具論、人民性、黨性、階級性雖未被完全否定，但大致上已「按下不表」。

還有一項變化，是肯定傳播媒介的娛樂功能。過去大陸的傳播媒介非常沈悶，現在則也可以講講笑話、刊登漫畫、寫諷刺文章，從前這屬於資產階級的東西。

新聞改革當中最重要的變化是承認傳播媒介有傳播訊息的功能，這是過去從來沒聽過的。媒介也要傳播消息，傳播人民日常生活中需要的訊息，這個很清楚地列在中共的政策裏。舉一個例子，一九八六年四月中共提出第七個「五年計畫」，第十項第五十三章第三節是「新聞出版事業」，說明前述傳播媒介的性質非唯一性質。「新聞出版要正確宣傳黨的路線、方針、政策，宣傳馬列主義、毛澤東思想，並要傳播有益於經濟發展和社會進步的科學技術、文化知識及各種訊息。」這在以前是絕對看不到的。

此外，新聞自由、言論自由也引起爭論。在以前沒有爭論，也不准爭論，因爲黨是代表無產階級的，黨辦的報紙當然是替人民說話，哪有自由問題？有問題的是美國、日本、臺灣、香港這些資產階級社會，他們的媒介爲大資本家控制，才有自由問題。但是現在大陸也有新聞自由的爭論，認爲也應制訂法律保護，但他們搞的是「社會主義新聞自由」，也卽是「有帽子」的。這當中有人開放、有人保守，比如胡績偉，今年年初表示，要鼓勵大家研究新聞自由對人民民主權利和社會進步所產生的作用。他肯定新聞自由有作用，過去它被認爲是資產階級搗蛋用的。

一九八八年大陸召開「第十三屆人民代表大會」及「第七屆全國人民政治協商會議」，開會時也有人提出這一點。上海《新民晚報》社長趙超構在「政協」會議上就說，新聞自由是人民權利不可分割的一部分。另一位《人民政協報》總編輯張西洛同樣主張新聞自由。不過這種言論在大陸報紙上不容易看到，香港才大登特登。還有一些思想較先進者，也一提再提，如于浩成、方勵之等。

胡耀邦曾說，創作可以有自由，新聞怎可有自由？黨的媒介怎可有自由？胡耀邦垮臺了，但這類思想並未垮臺。值得慶幸的是，新聞自由至少成爲一個論題。

思想之外，還有一個重要改變是在媒介的組織架構上。由於前述媒介的性質，大陸所有的媒介一直是置於黨的領導下，也卽所有媒介全是黨辦的，黨對於傳播工具的控制、管理非常嚴密，現在卻有了些「空隙」。

大陸的組織，在「黨」方面，「中央委員會」有黨的宣傳部，決定黨的宣傳政策方針，每一省省委有其宣傳部，縣、市也有。「政」方面，中央比如「國務院」有「新聞出版總署」，以執行黨的政策，地方一樣設有類似機構。此外，有文化部、廣播電視部，一路管下來。

在大陸，流行說「抓」，「抓」就是管、督導，宣傳工作、傳播媒介要由誰來「抓」呢？答案是親自領導，由第一、第二把手來管。第一把手是黨委書記，第二把手是黨委副書記，由他們「抓」思想、組織的工作。「抓」什麼呢？「抓」人員、「抓」記者，派可靠的人擔任職務，或省委、黨委親自寫文章。不過近年「抓」的程度略有些鬆動，說法是各級領導很忙，無暇管瑣事，只要「抓」重大政治問題就成了，其他可以不理。一般由總編輯決定，但遇有重大難決之事則向黨委、書記請示。

不過，領導幹部自己仍然必須積極參與工作，除管例行工作外，還要作爲模範。《人民日報》主辦的《新聞戰線》月刊，是專門給記者、黨的宣傳人看的，常讚揚幾個模範，如前任「福建省書記」項南，他出去視察，替記者出點子，指示什麼可以寫，記者就寫，他還自己寫評論、看大樣、做標題；吉林省前書記劉敬之和繼任的高狄，都自己寫稿、改稿，並常打電話叫記者如何採訪、寫稿。過去周恩來、毛澤東也常如此，一九七二年尼克森訪大陸，就有人拿《人民日報》的大樣給周恩來看，由他決定尼克森照片的大小、地位。鄧小平也一樣，大陸報紙時有「本報評論員」或「特約評論員」的文章刊出，這些文章都很重要，因爲事後揭發出來，其實往往是鄧小平或其他中央領導人員自己寫的。

這種情況下，總編輯也很辛苦，變得沒事做，他們說：「我們也是黨員，爲什麼決定權不給我們？」一九八六年八月，中共宣傳部副部長滕藤（現任，合肥「科技大學」校長）在全國省報編輯會議表示：「總編輯以後可以自己作決定，不用請示。」一九八六年底發生學潮後，他又修正了：「不可以！」胡耀邦也說：「黨委書記當然要管，小報管不了，大報一定要管。」最近很多談到新聞改革的文章再三強調：「我們搞新聞改革並非要改掉黨的領導，而是要加強黨的領導，如何再加強黨的宣傳工作。」其中有鬆有緊，重大政治事件不能放，小事寫寫好了。

在組織架構裏面有兩點概念的提出很重要，一是「多層次傳媒」，這是「中國社會科學院新聞研究所」副所長孫旭培主張的，他是胡績偉的學生，替胡起草「新聞法」，在新聞改革中扮演重要角色。他認爲看西方的報紙雖然不講宣傳，但又宣傳得很多，而且人家又聽，中共則天天講人家也不聽，爲什麼都要辦成黨報呢？

「多層次傳媒」是以黨委辦的報紙爲中心，其他機關、企業也都可以辦。他並主張職能分工，黨報就宣傳黨的思想、政策方針，機關、企業不必如此，像《市場報》，提供消費消息就好了。

還有一位副所長錢辛波，他提出「多元所有制」的主張，認爲民主黨派、人民團體都應參與競爭，不要讓黨一家辦。他並且說，新聞改革在這個問題上不能解決的話，訂新聞法也沒有太大作用。這裏牽涉到一個觀念，近年大陸提倡「黨政分家」並不容易，但「黨企分家」卻容易多了，這不是黨不能管企業，而是企業只管企業的報導宣傳，不必宣傳黨的政策、方針或理論。

在這種觀念推衍之下，民辦報紙的觀念也提出來了。最近深圳出現一份「半民辦」報紙，由許多企業聯合辦一份報紙，黨不給經費、不撥編制，由董事會聘請總編輯。這張報《深圳商報》，有一點黨企分家的味道，不談政治。可是一九八八年四月二十日的香港報紙刊出，深圳市長否認了這種看法，他說，民辦報紙的條件在大陸尚未成熟，要等海南島建省之後再說。因海南島建省，將完全學香港、臺灣，可有民辦報紙。一旦民辦報紙出現，就在由黨壟斷新聞的結構上有些改變了。

在這些發展當中，有一點值得注意，所謂人民團體、民主黨派、企業等，當中都有共產黨員，重要領導人都是共黨，八〇年以前，要加入民主黨派且要共黨同意。所以，「多層次傳媒」「多元所有制」還必須要黨政分家才有意義，否則只是外表變了，內部還是一樣。目前可以看得到的大致是在內容上有些變動，至於結構上，明的有些改變，暗的還在黨手上。

一段話可以做爲組織方面改變的結論：一九八七年六月號的《新聞戰線》上說，此次新聞改革，社會主義新聞性質是不會改變的，根本性質是黨的喉舌，新聞改革不可「成爲獨立於黨的領導主體，甚至凌駕於黨的領導之上的所謂『第三種勢力』」。換句話說，改革是要加強黨的領導，並不是要放棄黨的領導。

近年來，大陸報紙雖然未能脫離黨的控制，數量上卻顯著增加。大陸有十億人口，過去媒介卻很少，大陸出版的《中國新聞年鑑》（八五年資料）顯示，全國有日報二百三十一種，如包括科技報、文摘報、環境保護報等非日刊報，則有一千七百一十種。今年二月號《中國記者》（大陸「全國記者協會」的月刊）有一項新的統計，去年大陸辦理報紙重新登記後，全國共有一千五百多種，當中不包含雜誌。從八〇年到八五年，平均二天半就有一份報紙創辦，增加十分迅速。

從文革至七〇年代末期，大陸報紙很容易統計，每省有一省報，地方縣報約有五十份，農民報只有四川、湖南等大農業省才有，共十餘份。《新聞戰線》提到，八〇年廣州附近鄉下整個生產大隊只有一份《人民日報》，大家傳著看，有重要消息深更半夜才輪到每個人家裏。報紙的發行量很低，常公費訂報。

近來電視臺也增加了，現在大約有三十一、二家，西藏也有了電視。電視臺以前是轉播中央的節目，現在也可自己製作節目。電視機數量現在增加到約六、七千萬臺，其中很多是香港、臺灣地方的訪客帶回去的。

媒介普及率提高，彼此間也開始競爭。企業報、科技報、農民報的出現，致使黨報銷數明顯下降，比如《人民日報》，在八五年以前有七百萬份，現降至四百萬份；《光明日報》以前有一百多萬份，現跌破一百萬大關。

一九八四年大陸出現很多小報，它們也促使大報銷數下跌。大陸稱其為「黃色小報」（這類報紙拿到臺灣、香港都變成「綠色」了）。小報八開大，根本沒有新聞，刊登漫畫、言情小說、臺港明星。在一份廣西出版的小報上，我看到一幅連環漫畫，武俠式的，內容是說一人為父報仇，他父親被洋人打死，兒子練武報仇，這洋人是英國人，因當時正在中英談判的時候。另外的兩版則是篇影星秘聞，寫林黛的發跡和自殺。還有一種《法治報》，以報導犯罪新聞或推廣法制爲名，刊登謀殺、搶刼過程。這就與組織上鬆動有關，與經濟改革也有關，因爲容許各單位可以自謀財路。

由於這類小報利潤高，許多出版單位或與出版無關的單位也辦這種報，一份賣一元、二元人民幣，看完再賣出去還可以賺錢。後來因爲太離譜，所以在八五年時，大部分都停掉了。

此外，還有一種專門刊登言情小說、內幕消息的雜誌，銷路也不錯。

不過在媒介運作上最爲重大的改變，還是新聞採訪和編輯技巧的改變。過去大陸報紙的文章太長。我曾經寫過一篇文章，建議一個人如果失眠，應該先看《人民日報》，可以幫助入睡；若不行，可看《紅旗》；若還睡不著，不妨看《學習與批判》；再不行就沒救了。現在報刊文章短了，短新聞也日受重視。

此外，新聞時效性增強了，以前的新聞一定要上級批准後才能見報，正確性第一，時效性排第二、第三，報紙常登半年、一年前的事。現在二十四小時、四十八、七十二小時就可以見報。當然，「慢新聞」仍然存在。

報紙內容增加了娛樂新聞，副刊恢復，同時也開始提倡休閑活動，社會犯罪新聞也多了，這類新聞以前絕對沒有。七九、八〇年以後甚至有批評幹部的文章。國際新聞也增加不少，不過當然是有選擇的。

在新聞採訪方面，過去全是由新華社壟斷，現在《人民日報》、《光明日報》也派特派員出國採訪，雖然仍是黨報角度，至少多些人出去實地採訪。

比較上來說，現在「四話」減少很多，這當然與文章短有關；文章短，「四話」就不容易容身。過去大陸的報紙開頭常是「自第十一屆三中全會以來」、「黨中央撥亂反正以來」、「取得了一定的成績」等「套話」，有時全文重要的只有一句話，要找半天才找得到，現在這些老套少了很多。

在技巧方面，雖然中共不承認西方媒介所謂的客觀，但只要讀者看得進去，就對宣傳有幫助，所以要學。近來西方新聞採訪技巧受到重視，在對內、對外的宣傳新聞上用得很多，這和近年有一些西方學者進入大陸教新聞寫作有關。英文的*China Daily*，寫作方式便完全是西方式的。

中共在媒介運作上另有幾個大原則，有變有不變的。在新聞傳播宣傳上，中共一向強調典型報導、批評與自我批評、調查研究，三項是宣傳工作不可或缺的。一是要「抓典型」，用統計學的話說，典型就是「代表性」，好的、成功的典型要報導，不好的、失敗的典型也要報導。不過，胡耀邦在八五年二月八日說，報導基本上還是要報導光明面，「八二開」，即八成光明面，二成黑暗面。媒介既是黨的工具，實際運作時自然是「抓」好的典型多，壞的少。過去如此，現在亦然。

另外有一個問題是全世界記者都會碰到的：新聞很多，但又好像找不到新聞，所以只要有一件事變成新聞，大家都去採訪。結果弄得誇大其辭。一個人本是勞動典型，被記者一寫，說不定成了英文說得很好的典型都可能。

因爲基本上記者不能違背黨中央的政策，很多記者都是黨員，個人服從組織，地方服從中央，宣傳壞典型總是危險些，正面的典型總是安全些，結果正面新聞多過負面新聞是很自然的。

「八二開」的影響也表現在批評與自我批評上。批評有代表性的典型，批完報紙還要自我批評，被批的單位也要自我批評，刊登在報上。在大陸這叫做「三見面」，寫了批評稿要見三種人：受批評的個人或單位的上級、受批評的個人或單位所屬的黨委、媒介所屬的黨委。此情況下，能不能批，要看上級開明否，及受批者該不該下臺而定。如果批錯了人，記者可要倒霉。

批評在延安時期就有，當時毛澤東曾舉日常生活禮儀的例子說，人要洗臉、桌要擦，不然就髒了，黨也要洗臉，否則就糟糕了。五〇年中共政權成立沒多久，就積極開展「黨的批評與自我批評」。大官可以批評嗎？可以，但因影響比較深遠，要小心一些。這裏舉一個例子，一九七九年十一月二十五日，「渤海二號鑽油臺」倒了，死了七十二人，《天津日報》記者在場，一個字都沒有寫，因黨委書記沒指示，記者連想都沒想到要報導。八個月後，《人民日報》和《工人日報》寫了，大家才又跟著報導，原來是牽涉到內部派系鬭爭，「石油部長」垮臺了。

所謂「調查研究」就是去發掘眞象，技術上近年也用了不少民意調查方法，這與國外學者的觀念引進、留學生出國唸書有關。報紙也開始登大家的看法，比如男女關係等，甚至大膽地懷疑馬克斯的地位。

從大陸的新聞改革看，它與社會上其他改革及變遷大同小異，那就是技藝的改革比思想、結構的改革走得快，但不能放棄黨的領導。一般認爲，技藝的改革還可能再快些，學習西方的採訪技巧可更有利其宣傳四個現代化，以及黨的政策方針。

馬克斯認爲下層建築（經濟）的變動，可反映至上層建築（政治、意識型態），而造成改變，現在下層建築已帶來不少上層建築的改變，還會不會繼續往上衝呢？我不敢斷言，但有此趨向，至少很多青年、知識分子都認爲應該再改，比如新聞自由、輿論監督都提出來了。依我看，可預見的未來，會走向「多層次傳媒」，黨報、農民報並存，民辦報也會出現。

值得注意的是，任何一個變動不是下一個命令就可以做到的，尤其大陸有十億人口，這是大陸最嚴重的問題。改革能否再突破要看黨政能否分家，能否重建法制，法律不能建立，就算取消「三見面」也沒用，因爲大陸的「四個堅持」使得保守人士很容易有打擊改革者的藉口。一九八三年中共忽然要「清污」，也卽清除西方精神污染，但是一提出新聞自由就冷了。一九八四、八五年喊創作自由，一下子又熱了。大陸是一窩風行事的，冷熱之間受政策的影響很大，只要有「四個堅持」，便會有人藉此說「你錯了」，而打擊異己、打擊改革。

講到批評、新聞自由，有人問，民辦報紙可以辦到什麼地步？有兩個例子可供參考：第一，海南島建省，新書記是許世杰，他說，將來海南島辦報紙可批評行政，至於中央政策則「不用提」。我個人認為，在極權獨裁國家，中央政策才愈要批評，因它對人民影響大；而民主國家報紙都是批評中央，不敢批評地方，當地政客就是大老闆，不敢得罪。大陸報紙批評地方幹部批評得凶，卻不敢批評中央。第二，大陸經濟學家千家駒反對三峽建水壩，因為技術、生態、戰略上都有問題，他撰有長文，但不准登。後來趙紫陽說可以討論了，但是只准討論水壩應修一百八十尺高或一百五十尺高，大原則不准討論。

中共新聞改革及其運作的情形大致如此，對於宣傳及海外統戰的意義何在？根據過去四十年大陸新聞傳播媒介的運作，我曾將新聞傳播過程及社會的模式分為兩大類，一是行政式的；一是立法式的。前者由中央決策，媒介參與執行；後者則媒介可提供意見、參與決策。目前中共的新聞傳播有從行政式向立法式變動的跡象，現在重大事件絕對是行政式的，小事可以是立法式的。這種以行政為主導的傳播模式，對統戰比較有利，因為大陸的傳播可以「內外有別」，給外人看的，內部可以完全不提。

基本上大陸地大人多，鄉下農民佔百分之八十以上，很容易封鎖消息。對外方面，舉一個例子，八二年「中」英談判收回香港，起初說九七年後換個國旗吧，香港人倒不反對，但怕大陸派人來，於是談妥了「港人治港」，不要「京人治港」或「黨人治港」，香港人很開心；八四年「中」英發表聯合聲明，寫明香港未來成為「中華人民共和國」的特別行政區，行政長官由選舉產生，行政單位向立法單位負責。香港人想，這樣我們開始選舉吧，全部直選，大陸又說「不行」：

行政長官要透過協商或其他間接的方式產生，因為協商也是一種選舉，一下子全變了，「港人治港」也不再提了。

還有一點很有意思，香港「新華社」社長許家屯剛到香港，在江磡火車站下車，戴著一副太陽眼鏡，手拿扇子，穿一件土氣的襯衫，他說：「我是來做好統一祖國大業的！」第二天股票大跌。他去視察九龍城寨（三不管地帶，香港與九龍半島割讓給英國時，清朝與英約定，此地由清派兵駐守，管理走私，故理論上屬於中國大陸的），說：「港人治港就是這個樣子啦，我看很好嘛，哪有什麼人反對香港回歸祖國？」後來，他去一地叫「天水圍」，香港政府要收回蓋大樓、高速公路，當民居民反對，他走進一戶人家就抱起一個小孩說：「我終於找到民意了！民意就在這裏，你們的民意都是假的！」許家屯每做這一類事，香港股票就掉一次。

不知是哪一位建議，有一次許家屯出現在電視上，太陽眼鏡、扇子不見了，穿一套三件頭西裝，講起話來就跟當地人一樣，非常圓滑，他說對於宣傳、統戰，大陸很有彈性，大原則一定不變，細則方向怎麼變都可以。對香港而言，大原則是「一國兩制」，先收回再說，經濟不能亂，其他做什麼都可以，許家屯最近還大加讚揚香港的資本主義，說資本主義是人類最偉大的發明之一。他為什麼講這種話？因為香港有非常嚴重的人才外流問題，這麼說為的是留住人才。

統戰實際上就是傳播，也可以說是公共關係，用傳播者的觀念來取代我們的觀念。依共黨的手法，名詞一樣，但是定義可以完全不同，比如新聞自由就是個好例子。最厲害的統戰不是要硬碰硬，而是改變對方的價值觀，跟他們的一樣，就可以不費力氣，而達到目的。

在與大陸的互動中，香港一定會輸給大陸嗎？未必。我在「一九九七與傳播」一文中曾分析大陸對香港的統戰，如果大陸和香港是置於平等地位，大陸會輸掉。因爲香港媒介非常自由，各種言論都有。但是很不幸，大陸沒有自由，大陸人民不知道香港人怎麼想，還認爲香港人熱愛祖國，「一國兩制」只有少數人反對，是國民黨搞鬼。

對於大陸而言，香港問題比臺灣問題簡單，收回香港已成定案，絕無可談，但臺灣則不同。美國馬利蘭大學丘宏達教授曾分析，臺灣與大陸可否談判，他認爲大陸是一個不受輿論監督的地方，而臺灣會受輿論影響，因此談判對臺灣非常不利。我在此修正爲：如果大陸傳播媒介也變成和臺、港的媒介一樣，可以「胡說八道」，那麼談談也無妨，因爲到時中共也會受輿論監督，在這種情況下的談判才是平等的談判，才是對大陸、香港、臺灣的中國人都有利的談判。不過，現在我們還看不到中共的新聞媒介能做得到。

另一種中國電影的成長脈絡

焦雄屏

中國早期電影的第一個黃金時代是三十年代。當時電影自外國傳入不久，創作意識尚不穩定。一方面，有許多仿西片的滑稽娛樂，如《滑稽大王遊華記》，另一方面亦有許多擷自民間傳奇、小說的故事，如《火燒紅蓮寺》、《盤絲洞》等。但是，許多中國電影工作者也在這段時期經歷前所未有的探索過程，在美學、形式、表達方法上，開創輝煌而驚人的創作時代。

三十年代電影有許多特色。首先，它們是相當都市化、知識化、以及中產階級化的。所以如此，乃因爲當時的社會背景。在貧富不均、社會普遍貧困的狀況下，電影院都集中在大都會和大港口，而且只有知識份子及中產階級比較付得起娛樂花費。不僅觀眾如此，創作者也不乏有識之士。當時國家內憂外患，帝國侵略、戰亂橫行。知識份子承自五四影響，極願投入文藝救國行列。好像當時重要的一些創作者，如程步高、孫瑜、洪深等，都是留日或留美的學生。

由於知識份子的介入，使電影的陳義較高，而且充滿形式的探索和實驗性。三十年代的電影，開拓了多種不同的創作樣式，好像《馬路天使》，既有流暢的攝影機運動，燈光借重表現主義，而劇情卻宛如早期好萊塢茂文李若式的通俗劇。（放電影片段），又好像《春蠶》幾乎是非常嚴謹的寫實主義，從形式、運鏡、服裝、劇情結構等，都承襲矛盾的寫實白描文風（放電影片段）此外，《大路》所揭示的自然風格，《夜半歌聲》複雜的心理轉換結構和豐富視像，都讓我們驚服於當時電影人的創造力。

三十年代也揭示中國電影自來的憂國憂民意識。當時的知識份子，充滿淑世熱情、喜歡關心民生疾苦，倡議民族苦難和民族主義。於是，電影中往往透露強烈的批判意識，對政治統治，經濟侵略，弱小階層的弱勢，都揮著正義及匡正風氣的大旗。值得注意的是，這時娛樂電影與所謂進步電影陣容（左翼電影前身）已經分開，雙方還因「軟性電影」、「硬性電影」展開筆戰辯論。

電影進入四十年代，因爲正式抗戰，電影界的人也紛紛走避重慶後方及香港。有部分仍留在淪陷的上海，繼續拍片。我們稱之爲「孤島時期」。

孤島的電影相當有趣，譬如說有一部電影叫《木蘭從軍》，雖然所有人都知道那裏面的木蘭是古代的故事，但是木蘭在家鄉打獵，她一回家，提了一隻雞，身上背了箭，有很多小孩來迎接她，她很高興地唱歌，所唱的歌詞是「青天白日滿地紅」，觀眾馬上知道它講的是中華民國和日本人的戰爭。

四十年代有很多這樣的電影。（例如《烏鴉和麻雀》，就是中共在一九四八年偸偸拍的。講的是抗戰以後重慶政府復員到上海以後的情形。講的是一堆人在同一個屋簷下的生活情況。其中有擠兌金圓劵的場面、國民黨的將領與他的情婦。也有賣雜貨的夫婦去軋金子。這些表演得都很好，主演也都是話劇演員，像趙丹、吳茵、上官雲珠、孫道臨、魏梅齡等，由整部電影我們看到小小的一個社會縮影，裏面有很窮的人，也有知識份子，不過知識份子就是不管事，喜歡自己唸唸書。）另外也有一批電影工作者在後方拍片，他們專門拍紀錄片，宣傳片及新聞片，這一批人中許多後來隨政府遷到臺灣來。而事實上早期的臺製、中製跟中影的前身事實代是農教公司，中電公司等。所以臺灣早期的人拍電影時，事實上大家不會拍劇情電影，他們是由新聞及紀錄片的訓練出身，所以一開始拍劇情片十分尷尬，就好像目前電視及電影前面常看到的社教短片，內裏的觀念都是很僵硬跟教條化。譬如最早的電影不外乎反共抗俄、保密防諜、或者三七五減租、耕者有其田成功的政令宣導片。

從傳統看臺灣、香港和中共三個地方，確實是不一樣，臺灣基本上是屬於紀錄片跟新聞片的傳統過程的，所以一開始拍電影劇情片時是尷尬而教條化，香港就比較注重商業市場和競爭。比如早期專拍娛樂片的天一公司移到香港就成了邵氏公司。

四十年代亦有許多對社會持悲觀慘澹看法的電影。好像《一江春水向東流》、《萬家燈火》、《八千里路雲和月》等。這些電影以寫實的方式描述社會的慘狀，完全摧毁了民眾對國民政府復原後的希望與信心。貧富懸殊愈烈，社會特權盛行，小市民與低下階層連飯都吃不飽，直接引起了羣眾的共鳴心理。

除了憂患意識強的電影外。四十年代也出了若干知識份子精緻的作品。好像張愛玲寫的《太太萬歲》，將一個中產階級家庭主婦處處求好求全的委屈心理，描述地淋漓盡致。另一部電影是張愛玲的好友桑弧導演的《哀樂中年》。（看影片）據說張愛玲有幫助編劇。這部電影的主題，對人情世故的犀利與洞悉，都與張愛玲的寫作風格，甚至自傳內容相類似。既有細緻的戲劇舖陳，也有中國最好的演員（石揮、韓非）。

所謂的進步及左翼的電影人士，都在四九年以後留在大陸。但是那些知識份子非常篤定要替國家講點話，批評社會現實，以及要對政治發言的態度，到了五十年代已經開始變化；如果他們還有非常強的社會批判色彩，也是批判以前的社會……；受蘇聯「社會主義寫實主義」的影響，他們較歌頌英雄人物，歌誦社會主義的光明面，對新政府及新的社會狀況時，反而流於僵化和迂腐。

例如《祝福》，在美學的態度上是非常精緻的，技巧上如用鏡等均承襲四十年代的寫實傳統，表演也好，意識型態卽是我前面所說，只對舊的社會進行批判。

另外一部影片《林家鋪子》是茅盾的小說，他的故事提及「大魚吃小魚，小魚吃蝦米」，就是官民層層互相傾軋的意思。導演運用鏡頭的古典、平實而穩健，比較上，臺灣當時就沒有這樣傑出的人才。

一九六六年，大陸開始了文化大革命。文革把整個電影優秀的傳統打斷了。許多優秀的電影創作員都遭受到了整肅，那段時間傷亡慘重，整個文革十年只有幾部如《紅色娘子軍》、《智取威虎山》等幾部樣板戲。等到一九七六年這個文化浩刼結束，電影工作人員才慢慢回到工作崗位上，但剛開始他們還沒辦法馬上拍很好的電影；這個十年中間的間隔使他們對外界非常的恐慌也缺乏信心。像過去《林家鋪子》的傳統已經沒有了，許多電影開始無目標地向其他國家的電影學習，所謂「現代化的技巧」。類似臺灣瓊瑤的電影，很多庸俗的慢鏡頭和雜亂的推拉鏡頭，也被學去，所以視覺非常混亂難看。

但是幾年之間，情況有了變化。首先優秀的傳統慢慢恢復了。第一代、二代、三代的電影工作者，回到他們新的片場去拍片。這批新出來的電影，包括《茶館》、《城南舊事》、《駱駝祥子》。可以看到他們已經慢慢恢復了舊傳統，但是也在摒除以前文革強烈的、僵化的教條型態，開始朝一個人文的、感情的，比較寫實的社會狀況去描述。比如說很多電影像《鄰居》、《瞧，這一家子》，基本上都讓觀眾看到街坊鄰居的生活，強烈的情感，雖然在大方向上仍然沒有脫離政治的包袱。比如《瞧，這一家子》事實上是爲了「四個現代化」來設計的，它是納入一個非常鄉里的、非常街坊鄰居的感情跟愛情，但重點是說大家要共同來爲國家的建設來努力，四個現代化的政策是對的，人的價值就依附著那個政治架構，有的人努力爲這個政策服務的，大概就是好人，他的個性比較善良的、比較努力的；比較要偷懶的、壞的，並不是像以前國民黨的嘴臉，不是那種窮凶惡極的，而是不支持那政策的人，基本上他持的否定價值觀不是那麼尖銳，而是把他變成破壞國家進步的一個阻礙因素。從這些電影中，我們已經漸漸感受到人文化、柔軟的創作氣息，這裏面有很多稱爲第四代的導演。他們很多都是從北京電影學院畢業。文革剛開始，一畢業，還沒有拍片就上山下海、勞改下放，這批第四代導演開始拍電影之後，也帶動大陸電影的新氣息。

例如很出名的《牧馬人》，是中共首席大導演謝晉所拍的。這裏就提到剛才所談國家政策的問題，這時候，他們最需要的是恢復民族自信心，恢復人民的感情，所以他們拍的電影，都朝這個方向去走。

《牧馬人》從頭到尾講一個被送去山區牧馬的知識青年，他的父親早年到舊金山，變成了億萬大富翁，他爲這樣的一位父親揹了二十年黑鍋。文革結束後，父親回來接他，整個電影就是講他願意留在國內，不到國外去享福。很明顯反映第四代導演想要民族自尊心的一個過程，生活狀況這樣貧困的一個人，卻覺得國家在進步，國家在向上爬坡，他要分享這樣一個喜悅的心情！這個故事，講起來是宣傳教條，但拍出來卻非常感人。

第三代、第四代導演在拍片的時候，特別希望把民族自信心恢復起來。像謝晉這樣的導演，表面上對政府批評很多，但事實上，他所訴諸民族、土地的感情，對大陸的社會反而有幫助。也就是這樣，香港的評論人批評他爲「小批評、大幫忙」。

第四代導演在創作上仍是承襲傳統，沒有很大的變革。但是到了第五代導演，中國電影便有大的變化。所謂第五代導演是指一九八二年自北京電影學院畢業的一批電影學生。他們被分派到邊陲小廠，卻得到機會拍攝首部影片，像陳凱歌、張軍釗爲廣西廠拍的《黃土地》及《一個與八個》，都成爲近年中國電影起飛的代表作。

例如田壯壯拍的《盜馬賊》。視覺影像上和戲劇架構上，和以往完全不同。首先，影片的背景在西藏，他們拒絕漢人主導的文化，這和第五代導演的經驗有關係，他們都是少年時期卽成爲下放的知青，被送到遠處去，有十年跟農民及土地親炙接觸的經驗。

其次，以前通俗劇很依賴對白展現劇情，田壯壯卻訴諸畫面和演員，很少用對白。此外，低光也開始出現。這種低調的燈光與以前的觀念不同。以前燈光都打得很亮，怕人家看不懂、看不清楚。現在卻很寫實。

另外，《黃土地》被大家認爲是改革中國電影的一個很重要的轉捩點。從這一代開始，觀眾可以看到一些和田壯壯非常相似的地方，比如強調人和環境的關係，大片的土地，大片的山密，也就是訴諸他們當年下放的經驗，在另一部影片《孩子王》中，導演就用了很多象徵的手法，比如觀眾聽到砍樹的聲音，而不見砍樹的動作。這和《牧馬人》那時候的電影就不一樣。《牧馬人》那一代的知識份子用他們的眼光來看待文革的戲作，用通俗劇的方式來陳述劇情，用很多字來作解釋……，但是像《孩子王》，陳凱歌卻藉砍樹的聲音，象徵性地對制度作深入的討論。這種深沈的討論，是隱藏在一般表面訊息之下的。但是事實上，看過小說的人都知道《孩子王》批評的是教育問題。這和謝晉在哀怨之後，還拿出土地與民族自信心來作補償之用，那裏面有一種受傷後的積極和樂觀。但陳凱歌他們比較消極和悲觀的，從某些層次而言，他們也比較誠實。

所以我們檢視過去。會發現中國電影其實有相當長久的歷史和傳統。過去，我們因爲史料不全，以及資訊不發達，往往以爲中國是沒有電影文化的國家。如今，大陸電影史料已逐漸公開，街上也可以容易地買到舊的經典名片，一個中國電影史的輪廓才慢慢累積出來。我們才知道，我們的前輩爲我們留下多少精采的文化遺產——值得驕傲的遺產。

中共使香港「回歸」的策略

劉慧卿

我在一九八四年中開始在「遠東經濟評論」工作，負責採訪香港的政治問題，在此之前，對中共了解並不深。自從中英聯合聲明在一九八四年九月草簽以來，香港的政治前途和大陸的關係變得非常密切。我採訪香港的政治，也開始了解中共作事的方法，這篇文章，主要的就是談一談中共用什麼策略收回香港，什麼叫統戰，中共怎麼統戰香港人，效果又如何。

一九八四年九月，中英政府草簽了聯合聲明，英國答應在一九九七年七月一日將香港交回中國，香港將成爲中國的一部份，這分聲明就是中英政府二年秘密談判的結果。

談判從一九八二年開始，英國首相柴契爾夫人九月到北京，從那時開始談了二年。談判過程中，香港人完全不能參與，而且當時鄧小平說，如果一九八四年底，英國不能和中共達成協議，中共就會單方面宣布對香港的計劃，所以這二年非常緊張。最後雙方終於在一九八四年九月，草簽了聯合聲明，接著英國政府成立了民意審核專員辦事處來測試香港人接不接受聯合聲明。

英國表示，就算香港人不接受聯合聲明，到九七年香港也一定要歸還中共。如果香港居民不接受聯合聲明，就要在沒有安排的情況下歸還中共；如果接受，就可以按聯合聲明的安排下回歸，聯合聲明一個字也不能改。香港人有三個月來作決定。

當聯合聲明公佈時，香港人給國際輿論一個很滿意的印象。這是不對的，香港人只是放下了心頭的一塊大石，因爲談判了二年，他們很恐慌。後來看見聲明的內容很詳細，各方面的自由、人權可能有保障，所以那時的反應很好，但這卻令很多人和外國記者以爲香港人很高興，喜歡接受聯合聲明。

一九八四年十二月十九日，柴契爾夫人在北京和中共總理趙紫陽簽署了聯合聲明，該聲明於一九八五年五月生效。香港也正式進入了過渡期，由英國殖民地過渡到中國的特別行政區。另外澳門在一九九九年也會成爲澳門特別行政區，中共就希望臺灣有一天也成爲臺灣特別行政區。

中共憲法第三十一條中載明，國家如果在有需要的情況下可以成立特別行政區，而且特別行政區內的制度可以和國家其他地方不同。爲解決香港、澳門和臺灣的問題，鄧小平提出了「一國兩制」，也就是一個國家，兩種制度。他說在大陸境內是社會主義制度，在香港是資本主義制度，保留五十年不變，也就是從一九九七年後，五十年保留資本主義社會各方面的自由。中央不會派人治理香港，即所謂的「港人治港」（但是他又說「臺人不能治臺」，這一點倒是令一些香港人覺得困惑，爲什麼港人可以治港，臺人不能治臺。）八四年所提出的「港人治港」、「一國兩制」、「高度自治」是很重要的，因爲很多香港人擔心歸還中國之後，是由北京派人來管香港。那麼什麼是「高度自治」呢？在聯合聲明中說，除了國防、外交之外，香港人有行政管理權、立法權、獨立的司法權和終審權。當時香港居民了解，是除了國防、外交之外，其他權力都歸屬香港。但是現在發現並不是如此，從一九八四年到現在，當中發生了很多事情，令人懷疑中英聯合聲明內中共提出的「港人治港」、「一國兩制」可能是權宜之計，就是利用這些概念來逗香港人接受聯合聲明，接受了之後他們再改承諾，這一點可以由中共草擬基本法的過程中看出來。

基本法是非常重要的文件，將聯合聲明中的承諾落實，是香港以後的小憲法。一九八五年中北京開始草擬基本法。在基本法起草過程中，起草委員會副秘書長魯平說，如果香港沒有安定繁榮，其他一切都是空的，所以聯合聲明中才許下那麼多承諾。但是到現在，似乎也就只剩下那一句話：「沒有安定繁榮，什麼都是空的」。現在我們可以看看，中共是用了什麼手法使香港人接受回歸，不反抗聯合聲明，以維持香港的安定繁榮。這就是今天的主題：統戰。

統戰就是「統一戰線」，統一自己的朋友去打倒敵人。毛澤東在一九二六年說：「誰是我們的敵人？誰是我們的朋友？這個問題是革命的首要問題。中國過去一切革命鬪爭成效甚小，其基本原因就是不能團結眞正的朋友，以打擊眞正的敵人。」所以對共產黨而言，如果你不是他的朋友就是他的敵人。只有歷史才可以判斷香港是中共的敵人或是朋友。對香港人而言，在殖民地統治下，沒有民主，但有很多自由。香港人也害怕失去這些自由。

在一九八二年談判開始時，中共了解遲早要面對這個問題，所以就邀請了大約十多個香港最有錢的人到北京，告訴他們有關一九九七年收回香港的計畫，問他們會不會反對。那些人當時回答不反對。但是一回到香港，他們馬上將錢轉到外國。後來中共又邀請很多民間團體到北京，但是這些團體大部份都不敢告訴中共不要收回香港。少數說眞話的團體，也因爲其中有數位英國委任的議員，而被認爲不具代表性，甚至可能是英國在談判期間的策略。

一九八四年九月，雙方終於公佈了聯合聲明。統戰的第一步，是要消除敵意。香港有六百萬人，其中有二百多萬難民是從大陸逃出來的，另外有二百多萬是難民的後代，在香港出生的。這班人具有「難民心態」，不視香港爲故鄉，只希望在香港停留一段時間，有機會就回中國，沒機會就到外國，所以對香港沒有歸屬感，不覺得是香港的一份子。這在五十年代、六十年代以來都是一樣，從當時的報紙可以看見，報導的都是中國大陸的新聞，很少報導香港的社會新聞，這是香港難民過客的心態。

香港居民的另一個心態就是怕中共，在害怕之餘也不認爲自己有什麼力量，所以覺得對抗是最愚蠢的事情。在這種情況下，另外有一點需要了解，那就是香港人並非全都是反共的，有部份香港人親共，他們大多是在中共機構工作。目前中共在香港所控制的最大團體就是工會、香港九龍工會聯合會簡稱工聯會。工聯會自稱有十七萬會員。另外工團是臺灣控制的，自稱有三萬人，工團現在士氣很低落，相對地中共的勢力則愈來愈大。

另外有一些獨立工會，但是力量很小。而商界、文化、電影、體育、學校各方面，中共也有他們的支持者。所以中共在香港也有他們的實力，而且因爲有些人覺得如果要有政治、經濟前途，就要跟中共站在一邊，所以親中共的人數日增，可能其中有些是投機分子，但投機本來就是香港人的一個特性。這些人到最後發現大勢不妙的多半會一走了之，因爲袋子裏早已準備了一本美國或加拿大的護照。

這就是香港人的心態。中共很了解，香港是一盤散沙，所以他們就利用這個弱點進行統戰，八二、八三、八四年中共努力消除香港人的敵意，因爲很多港人的家人、朋友是死在中共手上，所以他們很怕。這幾年來中共出來活動，跟社會上各方人士打交道，令他們覺得共產黨不是那麼可怕，這是第一步。後來開始請他們吃飯、喝酒……令他們軟化，尤其是新聞界、文化界、學者等。因爲這些人寫文章，是意見領袖，很有影響力，中共也了解不能完全影響六百萬香港人，所以他們就成爲統戰的主要對象。

中共在香港最主要的代表機關是新華社香港分社，它不是一個普通的通訊社，而是北京的主要代表。新華社社長許家屯的地位非常高，有人認爲比香港總督有過之而無不及。許家屯每回過年過節便送很多小禮物給他們的統戰對象，如荔枝、新疆哈蜜瓜和其它大陸的特產，而且親手寫字祝他們過節快樂。有時請吃飯，席間也只談風月而不談政治。但是這些人收了禮物、吃了飯之後，寫文章時下筆自然就輕了一點，而新華社官員並沒有要求他們這麼做，我問這些人爲什麼那麼容易被收買，他們自己也說不知道。

不論在香港、中國或其它地方，新聞界通常會受到同樣的壓力，政府設法影響新聞界。這並不足爲奇，怪的是這些文人果眞會受影響，而且只是請吃荔枝、喝酒，下筆就改了。可能連中共都很奇怪，怎麼這麼容易，不用給錢、不用給政治上的好處，只是請吃飯，跟許家屯聊聊天就可以了，我希望臺灣的知識分子沒有這麼容易被收買。

我很同意方勵之的話，他是一個頂天立地的知識分子，很勇敢，令中國人非常驕傲，像他這樣的人在香港是找不到的。我的一位朋友，自認是知識分子，但是他說他不會和共產黨的機槍對抗。如果有一天共產黨告訴他不要再講話的時候，他會立刻離開香港，因爲他拿的是美國護照。

另外一批統戰的對象是商界，因爲中共認爲如果香港的商人都跑了，香港也沒有前途。所以中共的「港澳辦公室」副主任魯平說：「如果沒有安定繁榮，什麼都是空的。」和文化界、新聞界、知識分子不同的是，商界們覺得不管誰來，可以繼續賺錢才是最重要的。而且香港不能有民主，因爲民主帶來政黨式的對抗性政治，影響安定繁榮，中共了解一些商人不希望香港辦理選舉、也不要眞正港人治港。但是另方面他們又不希望共產黨統治香港，因爲他們了解共產黨不懂得管理香港，所以要求將管理香港的權交給他們，這是香港內部很嚴重的矛盾。將來臺灣如果和中共談判，也要先了解本身內部有什麼矛盾，因爲對方會充分利用這種矛盾。面對富有的商人，香港所謂的民主派是很小的，沒有錢、沒有人又沒有影響力。相對地，中共是完全沒有對手的：民主派要民權、要民主、要自由；商界卻不要讓人民選出他們的代表，否則會影響安定繁榮。面對這麼多荒謬、分裂的意見，中共誰的也不理。最好是聽完了各方的意見，再從自己的利益、立場來作決定。

我們不能說香港一定分成幾派，例如共產黨派、國民黨派、商界、民主派，或「跟風」的等等。但是有一個很清楚的形象就是：香港人沒有統一的意見。最重要的原因是香港沒有代表香港人的政黨，人民沒有機會選出他們的代表。

一九八六年，在起草基本法的會議期間，我在記者會上問中共「港澳辦公室」副主任李後一九九七年以後中共的角色，說一定要在基本法中寫清楚。李後說共產黨一向都存在於香港。在場的記者嘩然，李後繼續說：「我們一向都存在，國民黨也一向存在，但是我們不公開活動，一九九七年以後也不會公開活動，但是如果有政黨政治出現，那就很難說了。」

共產黨一向存在，但是不能代表香港人，國民黨也不能，香港人一直沒有自己選出來的政黨來代表他們。目前中英秘密談判仍在進行。中英聯合聲明中規定要設立一個中英聯合聯絡小組，安排過渡時期的事宜，每年開三次會議，小會議則常開，但是香港人一直不能參與這些會議，因為找誰當代表呢？一九八五年香港辦了一次「間接選舉」，律師、醫生、老師、社會工作者可以各選一個代表，但是有投票權的人不到人口的百分之一。他們選了一些「代表」進入香港的立法局，其他百分之九十九的人完全沒有投票權。

沒有香港本地的政治力量，是談判過程中香港人一個很大的弱點。中共的統戰，是跟社會每一個階層接觸。新華社有十個部門，各有不同的職責，很有系統，他們的工作是和香港人聯繫。一九八五年新華社更在香港島、九龍、新界設立了三個辦公室，主要的工作是在自己的區域內和活躍分子聯絡。

今年三月香港有一個地區的區議會選舉，區議會沒有權力只是諮詢架構，但中共人士仍積極參與這次選舉，派出差不多一百人參選，有些很明顯是親共團體，有些是中共在背後支持的。全港總共有五百人參加這次選舉，親中人士的身份很難確定，要由多方面資料判斷才能確定他們是否由共產黨派出來的。從資料中，我相信中共派出的候選人已有三十至五十人當選為區議員，而且在選舉過程中，有些人更公開地利用中共的資源競選。

香港人目睹這些現象，有的人很害怕，也有的人認為沒什麼：一九九七年以後香港就是中共的，公開對抗是沒有用的，也是最愚笨的事。同樣的，香港的中文報紙寫文章也很小心，報章老闆認為，文章是寫給中共領導人看的，如果每天和他對抗，萬一這些領導人看也不看，就沒用了，所以他們必須用可以讓他看得進去的方法去寫。這和我所了解的新聞觀念不同，我所了解的新聞是有什麼就報導什麼，而非只寫些讓人看得進去的東西。

中共就是這樣充分利用香港人內部的矛盾，過客的心態，沒有歸屬感、害怕、覺得沒有力量，而且貪心，希望有經濟、政治的利益，即使九七年不得不走也沒關係，因爲還有九年可以發財。

中共統戰的對象是一般香港居民，但是中共爲了統戰而設立的幾個辦事處，對香港政府卻構成很嚴重的挑戰。以往香港政府的地位很高，如果有什麼典禮宴會，一定請香港政府的官員爲嘉賓，但是現在也都請新華社的官員爲嘉賓。有時雙方坐在一起，有時新華社的人還坐在比較高的地位。以前很多地區性的場合政府高官是不去的，現在因爲新華社的關係，他們什麼場合都去，可是看起來顯得很尷尬。新華社的官員就不同了，談笑風生，好像在說，再過九年全部都是他們的了。有些人把香港政府形容爲「跛腳鴨」，正因爲他們的權力在下降。

事實上，中共並不希望看到這個情況出現，因爲香港目前的情況是由英國政府維持的。在聯合聲明中也說得很清楚，一九九七年以前是由英國治理香港，如果在這幾年中，英國的權力大幅下降，人們失去信心、或有動亂怎麼辦？鄧小平說，中共雖然簽署了聯合聲明，但是如果香港有大動亂而英國不能控制的時候，中共會馬上收回香港，聯合聲明立刻無效，但這一點在聯合聲明中沒有寫出來。

現在很多香港人很擔心，因爲鄧小平已是八十五歲，如果他死後又出現權力鬪爭，另一班人上臺，他們說從來沒有聽過「一國兩制」，那又如何？這個可能性不能完全排除，因爲下一批中共的主政者可能不是鄧小平那一派的人，沒有簽聯合聲明，「一國兩制」跟他們也沒有關係，這是香港人面對的另一個問題。

我希望臺灣的人能了解香港，這對了解大陸有幫助。因爲不論臺灣人喜歡也好、不喜歡也好，中共的下一個目標就是臺灣了。本來在八十年代初期，中共說首先要解決的問題是臺灣，香港很小，不用擔心，但是後來柴契爾夫人要商談，所以中共才先解決香港問題，然後再搞臺灣。現在港、澳問題已成功地解決，所以下一步是臺灣。

身爲中國人，每一個人都要有心理準備，雖然臺灣比香港有力量討價還價，但是仍然要面對統戰及其他的壓力。毛澤東說過，共產黨有三大武器，第一是統戰、第二是紅軍、第三是馬列主義。從收回香港問題上，可以看出統戰非常成功，不用其它二樣，但收回臺灣就不知道要不要動用武器了。

目前中共統戰最主要的機構——是「中國人民政治協商會議」。最近政協在北京開會，委任了很多香港人當政協委員，這些人有民主派的、工商界的人士，北京同時也委任了某些香港人當人大代表。依我看，政協委員是敵人，但也是需要利用的統戰對象，人大代表就是自已人，界線畫分很清楚。

但是這個關係最近似乎又有改變，不久前北京委任了香港的電視明星汪明荃爲人大代表。以往也曾有明星被任命爲人大代表，例如石慧，但她很明顯是親中共的。但是汪明荃從來不親中共，卻當了人大代表，可能是他們高明的統戰手法，認爲汪明荃當人大的收效會比當政協爲大。

所以現在可看見誰當人大代表是很靈活的，事實上，中共官員最喜歡講求靈活，例如大陸的國籍法不准許有雙重國籍，但很多香港人有外國護照，因爲他們很擔心香港在一九九七年以後會有問題。對於這件事，李後說：「國籍問題，我們靈活一點處理。」

這「靈活一點」，卻令人很擔心，有法律就根據法律，如果違了法要用靈活來遮蓋，問題會變得很複雜。但這就是中共做事的方法，對北京而言，有些權力可以「下放」，但是這麼做也有他們的底線，這個底線在有些情況是很清楚。以新聞自由而言，一九八六年有些香港記者問中共官員，香港以後可不可以有新聞自由？對方答說當然會有新聞自由，但新聞自由不是絕對的；以後的新聞自由不可以損害中共的主權：不可以支持香港獨立、不可以支持二個中國、也不可以支持臺灣獨立。一些新聞界的人士承認在一九九七以後，新聞自由一定會減少，他們只是希望減少的程度還在可以容忍的範圍之內。

現在距離一九九七年，尙有一段時間，但是許多人對於自己的權益不爭取。在這一方面，中共當然也不鼓勵爭取；他們利用各方面的勢力孤立、打擊那些爭取權益的人，在香港，中共手上的傳播媒介力量很大，擁有五家報紙，其中四家是日報、一家晚報，分別是大公報、文匯報、香港商新、晶報和新晚報。這些都是「黨報」。此外，香港現在有很多「親中」的報紙，它們本來是獨立的，但是有親北京的立場，但和被黨控制的報紙不同。

除了報紙，還有很多「親中」的雜誌，其中有一些是政協委員辦的。他們常常擔任「放風聲」的任務，也卽是寫文章登在其雜誌，又故意讓人知道這些文章是新華社官員或親中人士寫的，但是被問到的時候，又說完全沒有這回事，這是他們影響輿論的另一種方法。

電視臺當然是影響大眾的一個重要媒介。在香港，電視臺是營利事業，他們在大陸拍電視片，賣電視片，有很多商業上的往來，所以沒有理由開罪中共，電臺、電視臺、報紙都是如此，在商言商。中共一方面給他們一些政治甜頭，一方面很實際的給他們錢，在他們的報紙登廣告、在電視臺賣廣告，如果做了令他們不高興的事，廣告就不再來，這也是一種手段。

在統戰進行到高潮時，北京不再能夠容忍相反的意見，敵我要分得很清楚，「你不是我的朋友就是我的敵人」，沒有中間地帶。最近聽說，中共不喜歡我在一本雜誌發表的文章，就和一位雜誌社的董事說：「你爲什麼要找她寫文章，你不知道她的文章很差、沒人看、完全沒有意思？」以後這雜誌也再沒有請我替他們寫文章了。我一個人寫不寫文章沒關係，但是從我的經驗可以看出一些中共官員不能容忍相反意見。我是一個小小的記者，政治力量沒有，也沒什麼經濟力量，他們還是看不順眼。連這麼一個小小的記者他們都容不下，將來香港的活動空間又會有多大？

現在離一九九七還有九年，但是中共在各方面的發展迅速，他們在香港做生意、買地產，因爲他們擔心外資和本地商人撤走，香港的經濟會崩潰。政治方面，如前面提到，中共在區議會的選舉時，已經很活躍地參與，而且支持同一路線的人參選。文化、體育則都是他們的天下；體育非常重要，因爲和年青人談經濟政治，年青人沒興趣，但是對體育卻很熱衷。在文化界、電影、工會各方面，中共充份發揮力量，香港人也沒有抗拒。

有些事情在一、二年前看起來好像是中共干預香港的行動，現在大家都覺得沒有問題，因爲人們認爲，幾年後香港便是中共的，所以現在任由他們爲所欲爲也沒有什麼關係了。英國人方面，則完全不作聲，因爲英國人最看重的是雙方關係和英國的利益。香港人認爲，英國人是不會犧牲英國的利益來維護港人利益的。這幾年來，人才外流已經成爲香港最大的問題；香港人以行動表達了他們對中英聯合聲明的不信任。

最後談談基本法。

基本法是一個很複雜的問題，沒有辦法在本文中深入討論，但可以說的是，基本法的內容完全不是「港人治港」，也沒有所謂的「高度自治」。這些要求根本不可能在基本法中落實。從基本法中可以看出香港完全是由中央控制，香港目前的殖民地政治在九七年後仍不會改變，在九七年後，香港只會由英國的殖民地變爲中共的殖民地。

一九八四年，香港人以爲眞的要「高度自治」、「港人治港」，現在他們只希望給香港經濟上的自由，但問題是，如果不給予香港人現在所享有的人權、自由，目前的經濟繁榮可以維持嗎?現在很多人離開香港，不是因爲沒有民主；香港一向都沒有民主，將來也不會有民主。但他們了解，將來自由也不會有。

現在距離一九九七還有幾年，很多事情可能發生，香港的前途並非完全沒有希望。對香港的前途我很擔心，也很悲觀，但我仍非常積極。我覺得，身爲香港的一分子，有很多事情我應該做，要使中共英國落實聯合聲明的承諾。

有些人告訴香港人，「你們不用怕，因爲有臺灣。」臺灣官員這樣告訴我，香港官員也這樣告訴我：「中共一天拿不到臺灣，中共就不會對你們太差。」

我覺得這種論調似是而非。只要看基本法中有關中央和香港的關係與香港的政治制度這兩部分，便可看出中共對香港的政策。這個政策能否吸引臺灣呢？答案很清楚。所以不要相信「因爲有臺灣，中共會對香港很好」的想法。中共有自己的底線，是不能動搖的。

當前中國大陸的小說

蔡源煌

新時期大陸文學的蓬勃，尤其是在小說方面的成績，令內地和外面的觀察家同感振奮。本文擬探討當前較突出的一些新生代現代派小說家，分析他們的風格特徵，追溯可能的影響淵源，並且從創作方法和題材上去勾勒他們的作品所展現的時代意義。

關心新時期大陸文學的觀察家或研究者，必定會遭遇兩個問題。其一是新的創作路線與批評語彙的駁雜幾乎是同時並行，很容易引起混淆。其二，「現代主義」或「現代派」等名稱所帶來的困擾。

對新時期的文學，劉再復曾發表過幾篇「全面」的研究。在〈近十年的中國文學精神和文學道路〉一文中，劉再復說，文革期間，文藝路線的指令是：小說英雄必須有「高大完美」的理念，而創作必須「以階級鬪爭爲綱」；如今，則轉變爲對人的尊重，以及對主體性解放的探討❶。

---

❶ 劉再復，〈近十年的中國文學精神和文學道路〉《人民文學》月刊，一九八八年二月，一一五—一二八頁。

在〈大陸新時期文學的基本動向〉一文中，劉氏則進一步指出新時期文學對於工具論、反映論（再現理論）的懷疑❷。

大體上說，劉氏對新文學基本動向所作的觀察，在許多關心這個領域的學者看來，的確有其不爭之實。然而，更令我感到興趣的是一九八七年五月成都的《當代文壇》上所刊出的李東晨、祁述裕兩人的一篇文章：〈繆斯的失落與我們的尋找〉。文章的開頭，這兩位作者寫下了一段饒富趣味的引言，對新時期文學的創作路線和趨勢作了更深入、更具體的評估。他們寫道：

> 近幾年小說發展使人眩目。尋根文學、文化小說和各種帶有現代派意味的探索小說相繼亮相。……創作界、理論界都在尋找著新的美學原則。在這種潮流的裹挾下，創作界傳統的對重大社會問題關注的熱情消失了許多，對人在社會中的作用、位置的焦灼的探尋也被一批作家所冷落。這批作家把視角移到了個人心靈的境遇：表現意識潛流、纖細感覺、靈魂的渴望與騷動；移到了怪力亂神、蠻荒鄙野：用西方現代意識對中國傳統文化進行哲學式的觀照；移到了作爲類屬的人身上：表現原態生活、本能欲求，力圖超越具體歷史環境，探尋帶有永恒意義的人生價值。與此相適應，他們的審美趣味由追求英雄氣質轉向世俗化，由注重再現客觀現實轉到更多地熱心于揭示經過主體過濾、變形後的人生世界，由講究情節跌宕、事件

❷ 劉再復，〈大陸新時期文學的基本動向〉《中國論壇》三〇三期（一九八八年五月），二二—二九頁。

的因果聯繫轉而爲喜愛情節淡化、注重偶然生活現象的組合……。批評界既爲這一潮流所催動，又爲這一潮流推波助瀾。和創作同步，一些批評家的審視角度也由倚重客觀現實轉向內在心靈。……

審美觀點的轉換使作家、批評家不約而同地把突破固有模式作爲創作起點，文學活動在更深刻的意義上被歸結爲多方位的藝術探險、一種自我實現。探險本身就是激發創造力的最佳途徑，追求自我實現的進程同時就是逐步確立自我意識的過程——這是文壇出現前所未有的生機和富于創造性的由來❸。

這裏，我花了這麼多的篇幅來引述李東晨、祁述裕的話，一則是因爲他們對大陸上新時期文學的內部特質作了具體而微的分析，一則是因爲他們觸及了現代派文學的特徵之一：自我意識的確立。新文學無論是關心「個人心靈的境遇」，或「揭示經過主體過濾、變形後的人生世界」，都是在探討「主體性解放」的精神意義。惟此，李、祁二人所稱「自我意識」的確立，又兼具下列兩個層面的涵義。其一是指藝術家的自覺，這種自覺使藝術家將傳統上社會所賦與他們的使命更向前推進了一大步。小說家的自覺使他們更勇於從事文體變革上的探險，因此才能「突破固有模式」。其二，自我意識的彰顯，一方面使作家將焦點擺在主體失落的痛苦（劉再復），一方面

---

❸ 李東晨、祁述裕，〈繆斯的失落與我們的尋找——兼評《爸爸爸》和《棋王》〉《當代文壇》，一九八七年五月，二〇—二四頁。

則藉以「反對傳統觀念中的理性與邏輯，主張藝術上的自由聯想，主張表現和挖掘藝術家的直覺和潛在意識」（徐敬亞語）❹。

以自我意識的確立來作爲現代派文學的特徵之一，著眼點無疑是在凸顯主體性的開放。誠如一九八〇年十月戴厚英在《人啊！人！》的後記所稱：現代派藝術「是想強調藝術創作中作家主觀世界的重要意義，強調動一切藝術手段表現作家主觀世界的重要性」。因此，她呼籲作家「要充分表現自己對世界的眞實的主觀感覺和認識」，反抗現實主義的「客觀性」（也就是要求作家把自己隱蔽起來的傳統作法）❺。

從戴厚英的主張，我們不難看出她加給現代派的迫切任務目標：「我們進入了一個思索的時代，變革的時代。大家都在思索，都有自己獨特的感受和感情，都有自己的要求和幻想，而且都急於告訴別人。近幾年，作品中抒情色彩和哲理性的普遍加強，恐怕不是偶然的吧？顯然，一部分同志已經感到現實主義的傳統文法不足以表現自己的思想感情，因而也不足以表現我們的時代了」（四二四頁）。

然而，現代派的主張照例還是會遭遇到擷抗。例如，彭立勛認爲：把文藝歸結爲「自我表現」，而主張創作必然從主觀自我出發是「絕對不可以的」。他說：「作家的主觀意識和自我心

❹ 徐敬亞語。見周敬、魯陽著，《現代派文學在中國》，遼寧大學出版社，一九八六年，一五六頁。

❺ 戴厚英，《人啊，人！》後記，希代書版有限公司，一九八七年，四二二—四二三頁。

靈歸根到底還是被現實生活所決定的，它不能代替現實生活成為文藝的來源。」❻

在大陸上，反對現代派的言論大抵有幾個基礎：其一，他們會訴諸於傳統的「工具思維」及「反映論」，一則主張文學作品不是作家個人的自我表現，而是要「抒人民之情」，二則堅信文學的摹擬功用，並強調「眞實」的「客觀性」，認為作品扭曲了它便是「膺品」。其二，他們借用盧卡奇的觀點來批駁現代派，說現代主義表現的是人的精神疏離或異化。

我們不妨先討論第二項。其實撇開盧卡奇早期、晚期立場的轉變不談，我們至少應該瞭解盧氏是以唯物論系統去批判資本主義制度下的文學，因此，他指責現代文學喜愛疏離這個主題，事實上是針對精神信仰中心失控現象而發。本質上說，西方現代文學所喜愛的「疏離」主題，和基督教信仰的沒落不無關係（資本主義與基督教的問題，韋伯在闡述新教倫理和資本主義時就交代得很清楚）。乃至西方現代文學發展到存在主義時期，益發強調疏離和異化的現象，莫不以宗教質疑為出發點。這種質疑實際上乃是衝著西方本體論神學或形上學而發的。只是，中國作家若未顧及這一層眞象，而一味模倣疏離的題材，簡直是在建造虛無縹渺的空中樓閣——因為在中國並沒有像基督教信仰那種萬本歸宗的獨尊精神體系或中心。至於評論者若刻意去挖掘這方面的主題，那恐怕是更離譜了。

❻ 彭立勛，〈從西方美學和文藝思潮看「自我表現」〉，引自周敬、魯陽，一五九頁。

關於工具思維及反映論的問題，我們發現：這種論調乃是根植於某種實用主義與道德主義，主張文學必須爲眾人服務。但是在這個論點上，論者常常犯了「主體統一論」的謬誤（fallacy of the unitary subject）。譬如說，彭立勛主張作家和詩人「必須從客觀現實和人民生活出發，使自己要抒發的思想感情同時代發展的潮流、先進階級的要求以及人民羣眾的思想願望緊密地聯繫起來」，也就是說，要尋求個體(作家主觀意識)與整體（時代環境）的統一（一五九～一六○頁）。

這種說法在半個世紀以前是不容置疑的，而也正是在那段時期才會有盧卡奇的「歷史決定論」（historical determinism）產生。可是，歷史決定論的看法自一九六○年代以來，在當代法國思潮的洗禮之後，又多了一層觀點。無論是阿圖塞（Althusser）、拉岡（Lacan）、馬雪利（Macherey）或結構主義以後的理論，在闡述主體受限於歷史狀況時，都一再強調主體的分裂（split subject）。因爲主體——亦卽俗稱「自我」的概念——原本是一種語言效果，而非與生俱有，天生天成的。分裂的主體不僅質疑「自我」的本體存在（ontological existence），並且進一步揭示人對「眞實」的認知只不過是一種人爲建構。就後者而言，人對「眞實」的認知與建構之片面性，又與語言的本質脫離不了關係⑦。過去，我們常聽到評論者指責現代文學的自我表現是

⑦ 請參考蔡源煌，〈當代文學理論的主要課題〉《當代文學論集》，書林出版社，一九八六年，二○三－二五八頁。

一種「唯我主義」（solipsism），事實上，在主體的本體中心被剔除之後，再來看這項指控，就覺得它更加虛妄而無根據了：菩提本無樹，明鏡亦非臺，本來無一物，何處惹塵埃？

當然，我們也知道：現代派這一類的名稱是來自西方，所以總是免不了受援引自西方的某些先行概念所左右。如果我們只把它拿來當作權宜性的命名，而儘量在中國的背景中去思索它的意義，問題也許來得單純一些。譬如說，詹明信在《現代中國文學》第一卷一期上的一篇文章中，將老舍當作批判的寫實主義，以王蒙爲現代主義之典型，王文興爲後現代主義⑧，隨即引發了詰難，說起來也是可以預料的。

從以上所交代的新時期文學「現代」理念的流程來看，我們發現「現代派」這三個字幾乎人人可以引用，而指涉卻不一。但論者在運用「現代派」這個命名時，如果將他的著眼點放在創作模式的革新上面，那麼，它又似乎是指一種「超現代派」（trans-modern）不斷地實驗，惟此方有理由去正當化每個階段的新追求。否則當「現代派」流爲一個漫無分際、毫無選擇的稱謂時，只會徒增問題和混淆。譬如說，不久前在大陸「反精神污染運動」期間遭到抨擊的現代派與今天評論者所稱的現代派顯然不同。再者，各人所背書現代派作家也異多於同：劉再復指出小說方面

---

⑧ Fredric Jameson, "Literary Innovation and Modes of Production: A Commentary," *Modern Chinese Literature*, I, 1 (1984); Rey Chow, "Rereading Mandarin Ducks and Butterflies: A Response to the 'Postmodern' Condition," *Cultural Critique*, 5 (Winter 1986-87), pp. 69-93.

的現代主義者有王蒙、高行健、劉索拉、徐星等人；周敬、魯陽的名單上，則包含王蒙、鄧剛、宗漢、王安憶、李國文、諶容、張潔等人。最有趣的是，繆俊杰在《新潮啟示錄》書中，將新時期的文學分為現實主義深化派、象徵寫意派、文化尋根派、荒誕魔幻派等四個流派，而在說明最後一個流派時，他直截了當地將它指認為現代派。繆氏寫道：

新時期的文學，雖然有不少作家借鑒西方現代派的表現手法，但中國有沒有現代派文學呢？這還是一個有爭議的問題。近年來，由於荒誕、魔幻表現手法的運用，特別是高行健的〈車站〉、〈野人〉，莫言的〈透明的紅蘿蔔〉、〈球狀閃電〉，劉索拉的〈你別無選擇〉，徐星的〈無主題變奏〉等作品的出現，就使人們相信，中國果眞出現現代派文學了。……中國是否存在現代派儘管有爭議，但是有不少作家嘗試現代派創作方法卻是事實，在這方面較具代表性的作家是高行健、李陀、莫言、劉索拉、張辛欣、徐星等。[9]

除了繆俊杰之外，西西也持類似的看法。在《八十年代中國大陸小說選》序言中，她認為新時期文學到了第三個階段才眞正是豐收期，「才有了瞄頭」；她列舉的小說家包括莫言、韓少功、張承志、鄭萬隆、賈平凹、劉索拉、殘雪等人[10]。

[9] 繆俊杰，〈我國新時期文學的創作方法和流派初探〉《新潮啟示錄》，陝西人民出版社，一九八七年，三九—四〇頁。

[10] 西西，《紅高粱》、《閣樓》序言，洪範書店，一九八七年，序五頁。

現代派的風格，顯然是因援用西方現代作家的技巧而有之。因此，在這個部分，我們有必要追溯新生代現代派作家所承襲自外國的影響，同時也設法瞭解現代派文學的時代意義。

我們絕不可以諱言現代派的西方淵源，但是我們卻必須嚴謹地考量某些外國的影響來源經襲用之後所表現出來的是什麼結果。西方現代派文學風格的特徵在於敍事模式的求變。在現代主義高峯時期，最令人眼熟的不外乎意識流和內在獨白兩種技巧。意識流技巧的運用又分爲單一意識的敍事觀點（其鼻祖當推亨利詹姆士）及多重意識的觀點。單一意識的觀點又稱爲局部的有限觀點；但是由於通篇敍事是透過某一個主要角色的意識來貫穿，以他所見所感來構成情節的動力，因此讀者必須全盤倚賴這個角色所提供的訊息來做評斷，詹姆士稱這個角色是「情報中心」(central intelligence)，正是這個意思。舉例說，莫言的〈枯河〉以一個臨終的小孩的觀點來寫，表面上運用了第三人稱敍事法，實際上是一種詹姆士式的單一意識觀點。通篇敍事的行動力量全仗小孩子的回憶來推動。但是，在莫言的另一篇作品〈三匹馬〉當中，作者則運用了雙重意識來寫：分別是馬車夫劉起和站哨的衞兵張蓁長兩個角色的觀點。兩個部分由他們各自的意識空間和心理活動所構成，唯在小說最後部分，我們才知道劉起的馬在衝向張蓁長站崗的哨位時被射殺了兩匹，而張蓁長也被另一匹馬踼死。

多重意識的意識流技巧，是西方現代主義高峯時期最流行的模式，運用的最嫻熟的首推吳爾芙（Virginia Woolf）及喬埃斯（James Joyce）。這種手法有兩個特徵：其一是眾多角色雜陳在一篇小說中，某個段落專寫某人時，便以該角色爲情報中心，但換成另一個段落時，也許就以另一個角色的意識爲中心。巧妙的是這些角色的意識可以彼此搭連。例如說，可以藉著某一項共同的關切或某一組意象來連接各個角色的意識活動。其二是這種寫法表面上用的是第三人稱觀點，但在敍事當中除了交代情節行動之外，也可將人物內心所思而卻未形諸言語的想法夾雜在敍事當中鋪現，這種稱爲Erlete Rede，意思是敍述的獨白（narrated monologue）。例如殘雪的〈蒼老的浮雲〉一篇當中，不論是用更善無的觀點或虛汝華，甚至於老況的觀點來寫，各自的意識世界看似特異獨立，實則他們心中同樣被某種偏執恐懼所困，因此，小說中某些超現實意象——例如老鼠——便將他們的意識世界搭連起來。

西方現代主義作家對意識流技巧和敍事觀點變化掌握最淋漓盡致的，也許應屬福克納（Faulkner）。在他的《聲音和憤怒》書中，他分別採用了意識流技巧（前兩章）、內在獨白（第三章）及全知全能的觀點（第四章）。這當中最值得一提的是第二章，它記敍的是昆汀・康普森在人世上的最後一日。該章中除了交代昆汀決定自殺當天的行踪，同時也展現昆汀心裏各種打不開的結——例如家族及整個南方的沒落、對妹妹凱蒂的維護眷顧不能自已，以及時光歲月如何折磨人的心志等等。昆汀在回憶往事之時，小說中常常是長句連連，完全不加以斷句，以配合他思緒的困頓與意識之流。張承志的〈三岔戈壁〉顯然也仿擬這種技巧，篇中那個知靑在在想起二十來歲時結識的女友，而在他想起她時，文句也變得冗長些。例如：

> 她在那些夏天，那時我還和她一樣年輕，她就說，她盼著變成一隻鳥兒，在天上尋找地面上的一塊土地。她說哪怕是寸草不生的荒漠，也能找到自由和寧靜。哎！我說你他媽的幹嘛又想起她呢，不是下決心不再去想她了嗎眞他媽討厭你怎麼又想起她來了可是我居然記住她說的那句話我按著她那漠不經心地隨口說的一句話幹了幹得這麼苦算啦不想她了不——想——啦——他突然掄起腿，把一塊灰石頭踢飛了⓫。

我們同意：一篇好小說不僅要有紮實的思想內涵，也得要有藝術上的創新與探索（引西西語）。現代派作家向西方現代文學借鑒，也確實有助於創新與探索，理由是，西方現代派的技巧，迄今固然已有了半個世紀以上的歷史，可是在中國它並未全面被採用，所以從西方找到借鏡的方法，的確可以一新耳目。當然，我們也必須聲明，上述的意識流技巧或內在獨白手法亦非新生代現代派作家的專利，因爲前行代作家像張賢亮、王蒙，也都是個中好手。

小說家在創新與探索方面的欲求，事實上是構成「現代派」文學的最主要特徵。因此，十年文革下來，自有傷痕、反思等等文學形式以來，評者動輒以現代派之名來達到不同的目的；贊成者以現代派代表不斷地創新和探索，不同情者則以現代派來當一個詛咒的詞兒，來詬病創作的時髦。

⓫ 張承志，〈三岔戈壁〉《北方的河》，新地出版社，一九八七年，一七六頁。

過去在研究現代主義時，人們往往設法去歸納出不同的特性（或屬性）來闡明現代文學的精神。例如說，前面已指出小說敘事的「內觀手法」、「自我表現」等等環繞著主體性開放這個主題的表現，便是特性之一。或者，在說明意識流技巧的美學涵義時，我們也談到時間觀念的突破——譬如說，十九世紀小說中，敘事上的時間順序是按著編年史的方式逐一進行，一步一步地發展，像階梯似的，可是意識流技巧必須倚借人物的自由聯想及回憶，因此時間被打散，而它的網絡正像一張蜘蛛網一般環繞著某個中心（意識觀點）搭連起來。或者，我們也談到個人的孤獨和心靈世界等等。總之，這些屬性大抵是從作品中逐一累積歸納起來的。

這些屬性能否移植到不同的文化土壤和氣候裏？其答案總是見仁見智。特別是，前面已指出西方現代文學中疏離這個主題的宗教性，這個主題一旦移植到華語世界來，究竟能有多大的說服力，也是見仁見智。

如果要深究「現代派」或「現代主義」某種舉世普遍（未必要放諸四海而皆準）的特徵，我想，那就非「創新與探索」莫屬了。關於這方面，我願意引用傅珂（Michel Foucault）的理論來說明⑫。

---

⑫ 關於傅珂的觀念詳 Michel Foucault, *Language, Counter-Memory, Practice* (Cornell Univ. Press, 1977)第一部分，二九—一〇九頁以及 *The Order of Things* (Random House, 1970)，二九四—三四三頁。

傳珂將文學史分爲三個階段。第一個階段是「史詩時代」，在那個時代創作的動力和最高依歸是眾神——唯獨神祉可以啟作者之智，賦與他靈感——所以史詩與神話誌緊密地相連。同時，在那個時代，作者是匿名的，他的名諱並不重要；重要的是，史詩時代的故事歌詠的是英雄不朽事蹟或一個民族所信奉的神話，這些故事可以世世代代傳誦，但由誰來述說並不重要。第二個階段是「古典時代」，這時候，語言開始臣屬於既成的言說體系，於是講究詞藻的駢麗工巧，而作者也成了權威的代表。因爲名家寫名句成了古典時代天經地義的想法；作者不僅修辭上的功力過人，而且，也是審美品味、眞理等等的仲裁。由於他的權威，作者的感性乃成爲提昇人的性靈的途徑，後世學者唯有師式、模倣前人，才能夠使自己的作品躋入經典之列。

到了第三個階段，便是現代主義時代。現代主義時代，文學逐漸有了自主性的存在，而它也自成一套相對於古典時代以來的言說體系的東西。這個時代，文學自主性的關鍵在於它有了一套自律法則，而它的自律則全看它能否肯定自身的存在。在這個時代，文學語言已不隸屬於平常的言說體系；也就是說，文學語言並沒有義務去表達或描述什麼——例如表達個人內在的慾力或意念，或反映社會。反之，現代主義時代的文學語言主要的目的在建立後代與前代典籍之間的相互關聯；作家力圖使自己的作品獨樹一幟，而且能和文學史已有的成績發生關聯。於是，個人在形式上的創新與探索便成了必要的條件。在現代主義時代，古典時代所崇奉的價值被推翻（例如我國的五四運動）；新的，不可思議的，甚至於醜陋的事物都可成爲探索的對象。同時，文學也發現人類經驗的極限而有所恐懼——死亡、焦慮、無以名狀的慾望等等成了此時的典型題材。

關於現代文學，傅珂還有更獨特的說法。他認為：現代主義時代，文學創作不再具有任何超越的目的（不像史詩時代那樣禮讚神靈）或美學上的目的（不像古典時代那樣扮演美的品味仲裁），既然如此，唯一有意義的便只剩藝術創造這個行為了。現代主義時代，創造既不擔負過往兩個時代的外在目的，它開始有了自我反射的特質。這種特質彰顯的是語言的瘋狂本質。但是，這些說法有待更進一步說明：傅珂的意思是說，現代主義的文化要求創造者去僭越或踰越（trans-gress）既定而成俗的言說體系，所以藝術家絕不可墨守成規，因襲模仿。相反地，他必須藉著書寫（創造）行為去「說明」（articulate）經驗的極限，進而去超越構成這些極限的業障——如死亡、焦慮。現代主義時期的文學創作觀揭櫫的是：文學是在「演出」人們無法用日常言說去再現的這些極限和恐懼。現代主義藝術的「僭越」便是要超越這些恐懼。舉個例子說，抽象藝術與其說是在彰顯我們表達感情的抽象方式，毋寧說是在「說明」人的經驗的極限，而在「說明」它時，也超越了這個極限所帶給人的不安。因此，現代主義的創新與探索，事實上是要嘗試明知不可言表而為言表（to represent the unrepresentable）的競賽規則。

在中國，文以載道的實用主義和工具思維，已根深柢固而不可撼動。實則，每一個創作者在從事創造之時所領略到的不是他的創造行為是否履行了任何外在目的，而是創造行為本身的實踐與完成所帶給他的立即滿足感。換句話說，文學創作的目的論是後加後設的。傅珂的探源式

(archaeology) 描述把我們的注意力又引領到創作行爲或創作那瞬間的心靈感覺。換成普通的說法，一個作家要深深體會到「僭越」之要精髓，才有辦法言前人之所不能言，並表彰自己的原創力。這種「僭越」往往藉由小說形式的革新實驗而表現出來。這也說明了爲什麼戴厚英以現代派藝術（尤其是意識流技巧）來僭越現實主義的方法；同樣的，「荒誕魔幻派」小說家則以反傳統邏輯性的感知和語言來僭越現實主義一貫要求的「理性」認知。

借鑒於外國的方法來達到僭越的效果，是一條途徑。然而，新生代現代派作家所借鏡的不再是一九二〇年代西方現代派的作品（福克納及卡夫卡例外），而是一九五〇年代以來在外國影響深遠的文學表現，如存在主義、荒謬劇場、拉丁美洲的魔幻寫實、法國新小說以及卡維諾、磐爾等歐洲作家，甚至於美國作家海勒的《第二十二條秘訣》等等。

誠如繆俊杰所說，影響「荒誕魔幻派」作家最鉅的兩個外國流派是法國的荒謬劇場與拉丁美洲的魔幻寫實（尤其是賈西亞・馬奎斯的《百年孤寂》）⑬。

就傅珂的「僭越」論來看，荒謬劇場的確提供了絕佳的例證。一九五〇年代，荒謬劇場首度問世時，它的風格無疑是極前衛的——這已說明了它在劇場風格和體例上的僭越。然而，我們必須精確地掌握傅珂的「僭越」論，更重要的是瞭解它所代表的精神分析意義。

---

⑬ 繆俊杰，四〇—四一頁。

原屬羅馬尼亞裔而後歸籍法國的尤涅斯可（Ionesco）曾說過：「如果我揚棄荒謬，憑著我揚棄它這個事實，我便超越了荒謬。試想，除非我眼前已經對甚麼才是不荒謬有了某種憧憬——無論是多精確或模糊的憧憬——我那來的權利去宣稱某件事物是荒謬呢？」⑭這番話印證了傅珂所說的「僭越」的精神意義。一個作家揭發荒謬的世態和人情，與其說他心中懷抱著什麼高遠的理想主義，毋寧說是藉著他的揭露而去「演出」他潛意識裏對種種無以名狀、無從言表的荒謬之恐懼。人對於荒謬的恐懼是早已存在而卻難以傳述的一種感覺。一個作家使人這種內在的焦慮「外現」（exteriorized）出來，便是要體會經驗的極限。理性主義的教條使我們往往不敢去想像人的理性界限究竟止於那一種地步，過了它便跨入非理性的範疇。人們甚至不敢去面對那隨時隨地都在發生的非理性現象，一旦遭遇了它祇會驚愕失措——而那是因爲人們已經習慣性地安於理性教條所加給他們的界限。

理性的界限使我們無法做到《莊子》〈齊物論〉所說的「忘年忘義，振於無竟，故寓諸無竟」。而傅珂式的僭越，在某個意義上說，便是「振於無竟」的試探。

一般來說，荒謬劇場常見的主題有人與人之間溝通的「短路」、語言的崩潰，意與指之間的斷裂等等。但是，更深入去探討，我們會發現荒謬的關鍵往往就在於人們對歷史、時間、眞實等範疇的理性執著。這些執著讓我們不願意接受一個弔詭的事實：生命和現實本身往往搖身一變而

⑭ 見 Richard N. Coe, *Eugène Ionesco* (New York: Grove Press, 1968), p. 66。

成爲噩夢。

舉例說，像馮驥才的中篇小說《啊！》所寫的經驗，難道不是印證了這個吊詭嗎？這也可以交代爲什麼馮驥才會用「黑色幽默」（black humor）的筆觸來寫《啊！》，可是，那也得要有犀利的雋智才寫得來，所以荒謬劇場的作家寧可直探事物的本質而來個「現象描述」。他們認爲人自我本體上的不確性就浮映在語言上。言語經常淪爲玩物喪志之物，無法契合說話者的感情，到頭來人往往說了一大套話，可是那些話充其量也只是帶有惡意的 musique concrete ——例如盧汝華的母親在她門上貼的字條（殘雪〈蒼老的浮雲〉）⑮。

荒謬劇場的啟示爲新時期作家提供了某種透視去看過去和現在的荒謬百態，魔幻寫實的理念和手法則讓他們擴展了小說敍事的天地。小說中眞實與夢幻的揉合，巧妙地將一些禁忌加以僞裝，同時以夢幻般的囈語去勾勒出人在面對這些現實時潛意識裏的恐懼。例如殘雪的〈黃泥街〉寫的是文革期間到處要揪人，人心惶惶不安，「每天半夜，家家都有一個穿黑衣的老婆子貼著牆溜出去，探頭探腦，『窸窸窸窸』地把什麼東西弄響一下，或向水中投一塊小石頭，立刻溜回。每當婆子溜出去，那家的電燈就虛張聲勢地亮一下，立刻又黑了」（一九頁）。魔幻寫實一方面記載著這樣的歷史現實，另一方面則儘量將小說敍事推擠到成了一種特殊的文類，近乎托鐸洛

⑮ 字條上寫的看似美妙的警句，事實上是一種威脅：「好逸惡勞，癡心妄想，必導致意志的衰退，成爲社會上的垃圾！」見殘雪，〈蒼老的浮雲〉《黃泥街》，圓神出版社，一九八七年，二〇二頁。

夫式的 fantastic-uncanny 或 fantastic-marvelous⑯。依我看，這種敘事也同時反映了作者的「政治潛意識」；魔幻的技巧使作者得以將某些不愉快的禁忌加以僞裝。

但殘雪所要顯示的不只是女性感覺的纖細（例如她在〈公牛〉、〈天窗〉、〈山上的小屋〉裏寫的女性的歇斯底里），更重要的是在紊亂的現實中全民所表現出來的偏執妄想（paranoia）與恐懼。從她兩個中篇小說〈黃泥街〉和〈蒼老的浮雲〉，我們可以看出，瘋狂是最突出的一個主題。人物的行爲已無法以理性來解釋。活在人間，其實一個個像夜裏的夢遊者一般，依稀中還隨時受到旁人的窺視。生命現實的客觀性頓時化爲每個人主觀、潛意識夢魘的浮現。

殘雪擅於寫人物內在的瘋狂，關於外在的瘋狂的寫照常因魔幻的敘事而有所濃縮或變形。在其他作家筆下，人物的偏執妄想則整體映現在全社會的偏執。

關於這一點，廣州作家葉曙明在《大都市的綜合症》裏，有相當精確的診察。這篇小說的敘述者是個道地的問題人物：他幼年時，「某個器官」曾受過創傷——顯然這次創傷使他去了勢而無法人道。他喜歡在咖啡廳裏偷窺情侶的舉動，可是他們的親膩卻令他感到憤怒。

他的一羣朋友搞藝術沙龍，但是他認爲搞藝術需要財力支持。因此，敘述者便漫不經心地建議他們應先設法做生意賺夠錢，才有辦法搞藝術。他的一套邏輯是，在「大變裂時代」裏，有了

⑯ 詳 Tzvetan Todorov, *The Fantastic* (Cornell UP, 1975), p. 41-57.

錢才能夠追求「超越時空」的藝術，可是他又生怕這種作法只是自作賤，所以他進一步將做生意致富與經營藝術這兩個理念上極不相容的事情加以合理化，而稱之爲「大變裂時代」所必須的「反饋」或「横向聯繫」。

此外，他也深知，現代的一切思想要被接受，就得靠自我推銷。他建議我們應該對廣告善加利用。他說：「藝術沙龍的展覽必須仰仗廣告的威力才能深入人心。儘管平常見到的中國人大都死氣沈沈，言談枯躁，但他們的智慧在廣告上卻發揮得淋漓盡致。」最後，他畢竟明白，這樣虛浮的做法，「不外乎是妄自尊大、自命不凡、虛榮輕佻、矯揉造作和附庸風雅」。同時，他稱這個是「大都會意識」。他知道自己的言不由衷與浮幻是瘋狂的徵兆：

也許有一天我也會變瘋，也許現在我已經瘋了。因爲正如讀者們所預料的那樣，我想做生意的計畫只是一個空中樓閣；我對自己能力的估計只是某種精神官能症的幻覺。從一開始我就知道一切都是實現不了的⑰。

張辛欣與桑曄合著的《北京人》無疑是大陸新時期各種偏執目標的小百科：各行各業的人無不想要有「搞頭」；文憑主義的風氣也開始瀰漫……。面對現代化的衝擊，價值意識的遽變也成了新時期現代派作家的關切之一。張辛欣的〈瘋狂的君子蘭〉呈現的便是新的價值意識所造成的

⑰ 葉曙明的第一部小說集《大都市綜合症》，已經由雅典出版社出版發行。

瘋狂追逐。某座城市突然風雅起來，盛養君子蘭。醫院裏的痲醉師趙大夫忙著在手術室裏炫耀君子蘭的最新動態。「花迷們正在四處尋找一種奇特的君子蘭。君子蘭通常開橘黃或者紅色的花，少數開黃花、粉花的。不過，眼下人們在找的，是開黑花的。人人都說有，誰也沒見過。」⑱

在這股瘋狂的洪流中，盧人夫是唯一的清流。可是有一天他的病人送來了一盆君子蘭，忽然間，他也感染了這「瘋」潮。他發現所有的人都變成了君子蘭。「在十字路口，他看見了許許多多的君子蘭，如同人一般高大，它們的主人、買主和賣主，卻不知到那兒去了。他孤伶伶地走在君子蘭中間，感到前所未有的恐怖，他拿不定主意，是做爲一個人在這個非現實的地方提心吊膽地行走呢？還是變成一個君子蘭和所有的君子蘭混在一起站在那兒保險呢？」（二一九頁）

張辛欣以她擅長的報導體裁寫下了這一則「現代化併發症」的寓言，但值得一提的是，作者和她的主要人物盧大夫一樣抗拒這現實。小說的結尾，作者試圖以很長的篇幅來說明這究竟是夢或眞實。答案是：「看來這不是夢，或者這個惡夢仍然不能擺脫」（二二〇頁）。

我不想花更多的筆墨去證實君子蘭的象徵意義（例如說它代表了物慾的泛濫或什麼的），但是我倒願意強調：張辛欣和她筆下這位盧大夫的疑惑印證了現實本身在一晃眼之間就有可能成爲噩夢。面對著在紊亂的現實中所顯現出來的人物偏執追求，作家以夢境的不眞實去摹擬現實中價

---

⑱ 張辛欣，《我們這個年紀的夢》，新地，一九八八年，一九三頁。

值意識的虛浮，我想這也是很自然的現象吧！

在有關現代派文學的論述中，最常被提到的代表作是劉索拉的〈你別無選擇〉及徐星的〈無主題變奏〉。這兩篇作品的主要人物（〈你別無選擇〉的李鳴和〈無主題變奏〉的敍述者）都有點虛無主義傾向，而那也許是對抗現實中全面偏執現象的必要途徑。

〈你別無選擇〉的主要角色李鳴就讀於大學的作曲系，但屢次想放棄大學學業，後來由於他的同學馬力突然意外死亡，使他稍稍改變了自己的執念。小說中描述了作曲系中兩位教授：一位是法西斯人格的賈教授，他是樂評家，並不從事實際創作；另一位是才華洋溢的金教授。賈教授成天搞鬪爭，在系裏頭搞霸權，金教授則不在乎這些。作曲系的學生面對這種情形，又要持之以恆對作曲一行克盡敬業精神，更加不易。但是，正如標題所示，儘管李鳴不屑於這一切，他畢竟沒有別的路可走，所以還是得把學業完成。

作者用荒謬的筆觸描寫學生在作曲系就讀所面臨的僵局。譬如說，他們都活在一種像海勒《第二十二條秘訣》的境遇：「超不過巴哈你就成不了大師，成不了大師你就超不過巴哈」⑲。他們一方面吟詠巴托克的成就，立志要效法他，而找到「自己民族的靈魂」；另一方面，他們也反省：「世界上有那麼簡單動人的聲音，要那些艱澀難懂的音樂幹什麼用？」（六五頁）

⑲ 劉索拉，〈你別無選擇〉，新地，一九八八年，一三三頁。

小說中，李鳴的反省焦點在於制度化結構的軌範。他想，儘管他紀念馬力的那首曲子有發表價值，系裏的教授也一定要看它是不是符合什麼結構。問題是，「想馬力不用考慮和聲，不用考慮結構，你可以永無休止地想下去，沒人會說你對錯，說你該不該終止」（四五頁）。作曲系的訓練迫使學生去接受並順應某些既定的軌範，故而往往違反了生命的常態。李鳴的反省其實是在反抗這種結構軌範的制約力量。小說中這個制約結構便以所謂的「功能圈」作爲譬喩：

> 功能圈已經被人正式用鏡框掛在牆上，掛在黑板的正上方。功能圈是……用黑漆塗上的TSD三個大的符號，〔上面〕又塗上了一層金粉。每個字有人頭大小。正上方是T，左面是D，右面S。這三個符號用一個極圓的圓圈連起來，金粉在陽光下晃人眼睛。鏡框是黑色的，玻璃被……擦得鋥亮，能把全班人在上課時的動作都反映下來，結果全班人都不敢擡頭看它，也不敢在課上輕舉妄動。（四五～四六頁）

徐星的〈無主題變奏〉中，第一人稱的敍述者說明他和女友老Q分手的經過。讀者明白，他們分手的原因在於敍述者的女友老Q要強迫他接受軌範結構，要他考大學。老Q是音樂系的學生，她是順應分子；可是敍述者是個典型的虛無主義者。

> 「你的生活態度是向下的。」老Q曾這樣對我說。這個結論我不敢苟同。我認爲我看起來是在輕飄飄、慢吞吞地下墜，可是我的靈魂中有一種什麼東西昇華了。[20]

[20] 徐星，〈無主題變奏〉，見《中國大陸現代小說選輯一》，圓神，一九八七年，六四頁。

這篇小說中幾度提到紀德的《僞幣製造者》；敍述者顯然是認同書中的主人翁斐奈爾（Bernard）——在紀德的書裏，斐奈爾自離開繼父、離家出走之後，他所經歷的種種遭遇，都使他洞視了人的虛僞，而這也使得他更要求自己的眞實。

〈無主題變奏〉的敍述者以虛無主義者的眞實反抗制度結構的虛僞。「儘管〔老Q〕拉的是意大利名家提琴，儘管它有幾百年的歷史，我還是不能容忍那些一串串指法練習、試音、調弦什麼的。那他媽的太無主題了，無主題還好，無內容、無連貫，除了它徒具形式以外還眞是有點兒像我寫的小說。這一點常常使我惶恐不安。」（三九頁）評論家喜歡引用徐星這篇小說，或許是因爲這裏的〈無主題變奏〉反映了軌範制度的「假大空」。

前面在說明傅珂所揭櫫的「僭越」時，曾提到語言的自我反射、自我指涉性質。按照傅珂的說法，這說明了言語的瘋狂本質，可是這種言語上的瘋狂卻是人類經驗自身的縮影。事實上，從殘雪、莫言到徐星、張辛欣，小說人物言語上的瘋狂，也只是整個大環境的瘋狂之映照。更耐人尋味的是，「瘋狂」這兩個字是這些作家給予當前的生命現實的最佳註腳——不論這個詞是從傅珂式的觀念或是從精神醫學去解釋它。

在臺灣，現代派這個名詞也已援用多時，可是以往臺灣現代派作家的關切與當今大陸現代派作家的關切顯然不同。至少對於瘋狂、非理性的觀察，後者的用心有了顯著的結果，而這是前者所少見的。

話說回來，現代派作家筆下的「荒誕魔幻」是否來日還會遭到制度軌範的排擠而淪爲邊際的(marginal)文學表現？現實主義的指令會不會使現代派的成就只成了曇花一現的「異數」？這些都是我們所關切的問題，可是我們不敢太樂觀。我覺得，我們所顧慮的不是什麼政治的干預，而是大眾文化、商業主義所可能引發的價值意識的錯亂。現代派的作品本來就比現實主義派的難讀。例如說殘雪的作品就不是一般讀者所能掌握。在還未受到大眾化、商業化力量侵擾之前，尚且有作家兢兢業業地經營，往後就難說了。本文中所討論的只偏重於當前所看得到的一些「異數」，可是他們的成就與用心是值得爲文存念的。

大陸社會百態

江素惠

曾經有人認爲我太左、太激進了。

但曾幾何時，時潮改變，我卻成了臺灣人眼中的保守派、右派。

翻了身的唐吉訶德，心中卻有揮之不去的失落感。

一直以來，中共不斷地宣傳「社會主義的優越性」，實際上大陸一般人的生活如何？我們用中共自己公布的資料看個究竟。

首先在食品方面，自從一九八四年十月大陸「物價改革」以來，由於長期物資匱乏，價格一旦放開，便如脫韁野馬，一發不可收拾。在物價普遍上漲的基礎上，北京上海廣州等大城市的物價更是率先突飛猛漲，自八四年開始，物價，尤其是關係民生最根本的食品物價即不斷上漲，其增加的百分率一年比一年大。據大陸英文的《中國日報》透露，最近對大陸三十二個大中城市的調查表明，一九八八年第一季物價零售價比前一年同期上升一三・四%，食品上升一七・九%，菜蔬上升更達四八・七%。上海市的糧食價格比去年同期增加一九・一%，菜蔬價格則暴漲了去年同期的八九%，幾乎加了一倍！北京比上海略好一點，糧食上漲一一・二%，菜蔬上漲二七・九%。幾年來大陸人民的工資雖略有增長，但工資增加的速度遠遠追不上物價的飛漲，因而實質生活如何，可想而知。

大陸物價上漲最身受其害的，是那些靠工資吃飯的人。大陸城市中夫婦兩人的月收入包括獎金、津貼，不過人民幣二三百元，據測算在北京上海這樣的大城市生活，每人每月最基本的食品開支，即一日三餐就需要花費八十九元，若是一個家庭有一個孩子，則全部收入都用在吃上剛能達到收支相抵，若有兩個孩子，就要入不敷出了。

五月十五日(一九八八年)起，北京的幾種主要副食品價格再度上漲，高達六〇%，瘦猪肉賣到四元一斤，一個普通工人的月薪不過七八十元，加上各項津貼和獎金，也不過一二〇元左右，就是說一個一般北京人的月收入，只够買二三十斤猪肉而已！中共當局雖然給每個在職與退休人員每月以十元的津貼，希望能緩和民眾的不滿情緒，但這種杯水車薪的做法根本無濟於事，老百性的怨聲越來越大。而且，尚未成年的兒童和沒有退休待遇的老人，連這區區十元也拿不到，因此一個家庭的供養人口越多，得到的津貼越少，負擔也就越重。

物價如此之高，但並不是花錢便可以買到東西。北京的瘦猪肉、鮮魚蝦、啤酒等都很難買到，有些食品如名牌啤酒竟然被炒高了一兩倍，同一種東西如青島牌、五星牌的啤酒，售價竟然比在香港還高！至於農村中，食的就更差了，基本上是產什麼吃什麼，貧窮的地區主食仍是粗糧，吃肉就算是奢侈了，炒菜仍是用水煮，灑幾滴浮油，根本捨不得用油。自由集市的開放豐富了城市的食品市場，但價格昂貴，除了節日或招待來客，一般人很難得問津。

住房問題，在大陸也是個難以解決的大問題。農村住房都是農民自己的私產，貧窮地區住的是破舊的泥土房，靠副業或經商富起來的地區，則可以蓋新房，尤其是沿海僑鄉地區，有海外親人的援助，更可以蓋起漂亮的樓房。現在問題大的是城市，尤其是大城市，一家三代數口人，擠在不到十平方米的一間小屋裏的家庭，實在不是少數。

大陸城市的住房基本上是中共官方壟斷控制，少數私人房產文革中都被非法剝奪，全部成了中共的「公產」。鄧小平執政後喊出「落實政策」的口號，但這幾年來，只是把華僑、港澳人士、「三高」人士（高幹、高級知識份子、高級「歷史人物」）、「三名」人士（名藝人、名作家、名運動員）這些「統戰對象」的房產退還了，對普通無權無勢無名氣的老百姓的私房則以種種理由拖延未還。

幾十年來，大陸城市人口急劇膨脹，增加了數倍，再加上大批青年人進入婚齡，婚後都獨立居住，更需大量住房，但市政建設卻裏足不前，根本忽視住宅建設，造成城市的「房荒」。許多家庭除了床，什麼家具也沒地方放，實際居住面積連中共官方規定的每人三平方米左右的標準

（各地不同，略有差異）也無法達到。而中共高官則住房綽綽有餘，住房面積與官位大小成正比，官越高房越大。北京有很多環境很美的四合院，內有迴廊、假山、小花園，多是清代王公大臣的府邸；上海原來的租界裏有許多洋人的花園洋房；青島大連這樣的濱海城市有許多十分幽雅的海濱別墅；這些地方差不多都被中共的高官或他們的高級「統戰對象」佔據了。北京東城區的房屋質量是最好的，有很多深宅大院的府邸，一條四五百公尺長的史家胡同，就曾住進了華國鋒、李天佑（中共海軍上將）、劉文輝、章士釗、張茜（陳毅之遺孀）等人。他們的住所很好辨認，「車房鐵絲網，烟囪幾丈長」——大門旁有汽車房，牆頭上架着電網，院內高聳一支烟囪，是冬天燒暖氣用的。

與他們形成鮮明對照的，是普通老百姓的擁擠、髒亂、嘈雜的居住環境。北京居民中，沒有廚房、沒有厠所，一個院內幾戶十幾戶共用一個自來水，一條街巷內（北京叫「胡同」）上百戶共用一個厠所是極普通的事。近年來中共當局雖建了一些新樓房，但與所需相去甚遠，根本不够分配。更主要的是由於中共官員的以權謀私，以致「後門」大開。比如某局長或某部長，他可以按官位高低分到一兩套住房，但他有若干子女，為了給子女弄房，他會要求調職到另一個機構去當官，在新的單位再憑他的官位弄到一套房子，留給某一子女。然後他如法泡製，直到把所有子女的「窩」都給安置妥當為止。

住房問題，不過是中共的共產制度的必然弊病之一。在近年的改革中，中共開始認識到這種供給制的住房分配方式，不但令它的大量資金無法收回，而且是促使共幹以權謀私的誘因之一。因爲大陸的住房以職位、級別爲條件去分配，而佔有者又不付任何代價（大陸高幹住房由「國家負擔」，不需要交房租），故助長人多貪多佔的慾望。有權勢的幹部佔得多了，一般人自然得的就少了，所以大陸城市的缺房戶佔城市總戶數的三五%，也就不足爲奇了。

目前解決問題的辦法，是按經濟規律辦事，使住宅商品化，即資本主義化，但推行起來，也是困難重重。首先是會遭到既得利益者們——中共的大大小小官僚們的反對。他們要維護自身的特權和利益，絕不肯自動放棄。其次，以大陸目前的生活水準，許多人糊口尚且勉強，如何拿得出數萬元去買房？今年一月份上海搞了個「首屆房產交易會」，反應冷淡。上海的官方傳媒說是「看的人多，買的人少」。看的人多，說明關心房子問題的人多，寄望買房的人多；買的人少，說明有心無力，沒錢買！這次交易共推出住宅六千套，但只售出二五二套，佔總數的四·二%；而這二五二套中私人購買只佔一一七套，由單位（公家）買走的倒有一三五套，佔了一半以上。（一九八八年一月三十日，《解放日報》）

住之外，大陸的「行路難」也是日益嚴重，到大陸的外來客對吃和住感受還不深，因爲他們去大陸吃住都有酒店飯店，這些只收外匯的地方，不會體會到民間的疾苦。但「行」卻是一個十分切身的問題，因爲你出門總要乘車，而若不是由旅行社組織的集體行動，要外出則倍加艱苦，全靠自己的本事和適應能力了。

大陸的大城市人口集中，絕大部分都是就業人口，每當早晚繁忙時間，公共交通都呈現一片擁擠不堪的狀況。由於經濟改革，各地商販紛紛出門做生意，加以旅遊業的發展，令流動人口大大增加。

目前大陸北京、上海、天津、廣州等二十多個百萬以上人口的大城市每天的流動人口總共超過了一千萬，其中上海有一三四萬，北京一一五萬，廣州一〇〇萬。這個巨大的數字加在原來已趨於飽和的城市交通上，使得公共交通幾乎癱瘓。再加上幾十年城市道路建設不發展，交通管理落後等因素，使得大城市的交通成了令人頭痛的問題。北京的公共汽車上繁忙時間的密度是每平方米十三人！北京市民說，在北京乘公共汽車能把人擠成「相片」！一名記者曾作過調查，在下午五點半至六點的最繁忙時間，他乘公共汽車從磁器口站到崇文門站，兩站相距一公里，而汽車竟行駛了三十二分鐘。

北京的公共交通部門指出，由於乘客過分擁擠和道路不敷使用等原因，市內公共汽車的平均時速已從幾年前的十四公里下降到八公里——比步行已快不了多少了。由於車輛擁擠，人們爭先恐後搶着上車，又擠着下車，致使公車內的罵聲不絕於耳，甚至大打出手也屢見不鮮，這是交通擁擠造成的「副產品」，也是大陸人民對中共不滿的一種發洩。

你也許會說，我不去擠公車，多花點錢去乘的士算了。沒有親身經歷過的人，恐怕難以相信大陸的士司機的「拒載」成風。為什麼有錢不掙不載客？問題就在司機開車並非給自己掙錢，而是給他的公司，也就是給共產黨掙錢，他怎麼會積極呢？

幾年前，大陸改革之初，北京的許多的士公司都把車包給司機，由他們每天上交固定的「車份」和稅收，其餘歸己，多收多得。那時司機們個個勁頭十足，四個輪子不停地轉，每個月下來，加上「超公里獎」、「節油獎」、「安全獎」等福利，多數可以拿到四、五百元，他們當時不無自豪地說：「比鄧小平掙得也不少！」

但是，由於他們的收入與其他行業相差實在太過懸殊，引起了各行業的妒嫉和不滿，尤其是同行公共汽車的司機們更是忿忿不平，以變相的罷工相威脅，造成了北京的交通大混亂。中共北京當局爲了平息多數人的民忿，下令取消了的士的承包制，又回到「大鍋飯」的時代，於他們只掙工資，日定額是一二〇公里，完成後每超額一〇〇公里，提取獎金七元。

但是這麼一來，問題也就接踵而至，司機們基本跑够一二〇公里後，誰也不願再多開車，因爲要每天多跑出一〇〇公里並不是輕而易舉的，更何況多出一〇〇公里，不過才得七元的獎金，太不值得了！因此，司機們都願意載長途的客人，比如從市區馳往長城、機場這些油水大的地方，或者是拉使用「外匯劵」的洋人、華僑、港臺人士，因爲外匯劵在黑市的兌換率是一：一．五，等於多了五〇%的收入；或者是用外匯劵到友誼商店、出國人員服務部買些普通老百姓想買而買不到的東西。這樣一來，的士自然就變成了近的不拉、用人民幣的不拉、回程可能無客的不拉、掙够一二〇公里錢就不拉……有時甚至掙不够一二〇公里錢也不拉，因爲跑不够定額只罰當天工資的一〇%，區區小數而已。所以這些「司機大爺」若不高興，就索性不開車，還有九〇%工資可以白拿，也划算得很呢！

至於鐵路運輸，首先令人想到的是可怕的事故災難，一九八八年初就連續發生了四起死傷慘重的意外，爲此導致了鐵道部長丁關根引咎辭職。三月二十四日上海的火車意外，因爲死的都是日本人，更加引起外界的關注，中共的傳媒在事後的報導中，承認這些意外的原因，主要是由於管理水平落後、員工質素低劣、設備年久失修所致。雖然分析了原因，卻沒有相應的措施補救。

大陸火車另一個令人望而卻步的地方，是它那擁擠的程度，回大陸的旅客若是事先沒有買好軟席臥舖的車票，根本無法臨時買票搭車。三月十四日從北京開往重慶的一九六次列車上，一四八〇人的定員，硬擠進了三〇〇〇人，超載竟達一倍多！連列車的厠所也擠進了四個人，洗臉池上、行李架上、座位下面，幾乎凡是空間就都是人(一九八八年四月二十四日《中國青年報》)。

航運的情況也差不多。中共的民航機構英文縮寫字母爲CAAC，因它經常誤點、脫班、任意取消航班，這個縮寫被外國人取笑爲"Chinese Airline Always Cancel"，成爲絕妙的諷刺。不過要是和今年一月十八日發生的重慶大空難相比，人們還是寧願它誤點而不要出事！

航船方面，一九八七年僅黃浦江上就發生了意外六五二起，平均每天有一・七八起，沈船一三一艘，平均每二・八天有一艘船因事故而沈沒。(一九八八年二月三日《人民日報海外版》)最近中共公安部交通管理局透露，一九八七年大陸的交通意外(不包括火車和航船)共二九八、一四七起，死亡五三、四三九人，受傷一八七、三九九人，造成直接經濟損失折合人民幣二億七千八三九萬元。

生活上的不方便或許還可以忍受，特權卻是共產主義社會最奇特的現象之一。

一九八七年底，上海的「中共紀律檢查委員會」向不同階層的人士發出二一、〇一〇份調查表，調查關於「上海黨風狀況」的反應，在回答「黨員、幹部作風中哪些不良現象使羣眾最反感」一問中，反應最強烈的是「以權謀私」，佔調查人數的八一・三％，其次是「嚴重官僚主義」，有五五％人表示反感，對共幹「嫉賢妒能，任人唯親」不滿的，有四〇・六％（一九八八年一月二十八日上海《新民晚報》）。上海官方的這次調查在多大程度上忠實地反映了民意，被調查的對象又在多大程度上坦率地表示了自己的意見，這兩點姑且不論，卽使如此，這個百分數已經很能說明問題了。

中共幹部和黨員以權謀私，在今天的中國大陸已成爲不爭的事實，中共自己卽使很不情願，也不得不承認這個問題的嚴重性。中共自稱是「人民的勤務員」，實際上中共掌權的官員，早已成爲高高在上的封建官老爺，成爲中共統治集團的旣得利益者，利用手中握有的權力，任意獲取普通老百姓絕不可能得到的特權。

廣州《現代人報》今年三月二十九日刊登了一篇文章，題名〈工資「含金量」及其他〉，作者是一位文化人士，他說他的稿酬收入引起了「一些局長、部長」們的妬嫉，他們懷着醋意對他說：「我這個部長的收入還不及你（稿費）的一半呢！」的確，表面看這話不錯，但是實際上，這些「局長部長」們辦私事可以坐公家的小汽車，有司機爲他們服務；而這位作者若有事用車，只能自己花錢租的士。「局長部長」們住在寬敞舒適的樓房裏（處長級的標準已是二房一廳，更大些的官可想而知），而這位作者「一家三口擠在十來平方米的房子裏」。所以，他的結論是：「當官的實惠並不反映在收入上，官與民的工資『含金量』不同！」這篇短文反映了大陸一個普遍存在的事實，卽中共官僚階層特權的存在。

目前大陸在改革中出現的一個最大的問題，是通貨的急劇膨脹，物價上漲已完全失控。造成這個問題的原因之一，據大陸經濟專家的分析，是由於「社會集團購買力」的大大增長。所謂社會集團，實際上就是各個政府部門、機關單位、企業事業機構等等，這些部門動用公款去購買大量的消費品和搶購緊缺商品，一方面造成物資更加緊張和通貨膨脹，另一方面造成了財政赤字、國庫空虛。一九八七年大陸「社會集團購買總額」高達五五三億元，而一九八七年中共的財政總收入不過才二、二四三．六億元，卽單是中共各個機關部門、企業事業單位花掉的「零用錢」（純消費而完全沒有用於生產），竟然佔去全年總收入的四分之一！中共如此揮霍，大陸人民怎麼可能有錢！一九八六年社會集團的購買總額爲四六二億元，八七年比八六年增加了一九．七％，這筆錢都用在何處了呢？上海市財政局「控辦」（控制集團購買力辦公室）的人說，他的抽屜裏放着六〇〇〇份購買小汽車的申請，這個數字還僅是市級單位的，不包括各區縣局的統計。一九八七年上海市社會集團購買小汽車、彩色電視機分別比八六年增加五%和三八%（一九八八年二月十六《勞動報》）。一九八六年大陸社會集團購買的小汽車共達一一五、六七七輛，用款五四億四千萬。五年來大陸共增加集團購買小汽車三〇萬輛，每輛每年各項支出爲一萬元，每年僅此汽車一項就要花費三〇萬元（一九八八、三期《羣言》雜誌）。北京的一個工業公司一次就申請購買價值二、二〇〇元一套的沙發一四套，其他如錄影機、照相機、錄音機、高級辦公桌椅等都是「社會集團」主要獵取的商品（一九八八年三月二十二日《工人日報》）。

《人民日報》曾經刊登一篇文章，揭露一次「貧困縣生產自救會」開會時，那些「縣太爺」們竟乘坐豪華小汽車來參加會議。另外湖南省有好幾個城市，花百多萬元修了「音樂噴泉」，而這些城市中的住房難、上學難、購物難、坐車難甚至連上厠所都難卻無人過問。更可笑的是建好的噴泉卻因缺電而不能開動（一九八八年一三期《瞭望》周刊）。

其實，中共早有規定凡是購買五〇〇元以上的商品，都需經上面提到的「控辦」這樣的機構批准，這個機構各省市都有設立，審查與批准的手續也很嚴格，數字還要壓至最低。那麼，何以社會集團的購買力仍是只增不減呢？「控辦」是否認眞執行了它的權力？這其中，自然有許多不爲外人知道的秘密。

據八八年三月十日大陸的《經濟日報》報導，四川成都市從八五至八七年，已有上百個機關和企業事業單位，以「私人」的名義購買了二三〇輛小汽車。那麼公家的車又是怎樣上了私人的牌的？據該報透露，除了各種舞弊的非法手段之外，還包括對銀行、售車部門、交通部門的負責人、經辦人的行賄手段。另外，據一位知情的朋友講，北京許多機構、單位都有照相機，而且都是以巧妙的手段騙過「控辦」的眼睛弄來的。單位人員在買相機時，會要求售貨員在發票上寫明「顯影藥水」、「拷貝紙」、「膠卷」（菲林）、「影印紙」等消費性的物品，這些東西都是消耗性的，過一段時間自然會合理地「使用完畢」；而相機自然也不會露面，早已「消失」到某個掌權者的私囊中去了。如果查看帳簿，帳面自然淸淸楚楚。北京現在流行一句話：「八路軍糊弄共產黨！」眞是妙不可言！（「糊弄」是北京方言，欺騙、戲弄的意思。）

由於「集團購買力」不斷擴大，出現巨額財政赤字導致物價惡性上漲。中共歷年都不斷下令壓縮集團購買力，但毫不見效。一九八八年二月，中共國務院又下達「緊急通知」，要求八八年的集團購買力比八七年壓縮二〇％。但是，「一九八八年一季度社會集團購買力的黑色箭頭仍在頑強地上升。與前一年同期相比，一月上升二八．二％，二月上升一六．一％，三月上升一六．九％。」「當記者問及今年壓縮二〇％的任務能否完成時，一個「同志」兩眼一瞪：『能！報表上肯定能完成的！』」（一九八八年四月二十一日《經濟日報》）

中共的幹部用人民的血汗去揮霍大吃大喝的現象，隨着開放也越來越嚴重，這種吃喝與貪汚受賄不同，沒有把錢裝進腰包，不怕追查和制裁，因而就更加膽大胡爲。一九八八年一月十五日，設於北京昌平縣的「國家物資儲備局直屬儲備處」，決定拿出六千元辦二〇桌酒席，請頂頭上司「國家物資儲備局」和其他「有關」單位的副科長以上的大小官員打牙祭，結果吃了四天二七桌，耗資八千多元。該局的「黨委書記」赴宴時口吐眞言說：「現在就是要請客，就得要吃要喝。不請客，什麼事都辦不成。」這種互相請客、你吃我喝的風氣在大陸已成爲辦事的一種必要的程序，否則就萬事難辦，寸步難行。

下層的共幹如此，上層的官僚，尤其是中共高幹子弟則更加爲所欲爲。中共高官谷牧之子張會遠任深圳市副市長，用公款買了三輛日本小汽車，然後虛報假帳，只報兩輛，而將其中一輛以一三萬元的價格賣給了山東濰坊的一家工廠，而這筆錢自然也就入了他私人的腰包。一九八六年中共高官葉飛之女葉之楓因受賄貪污罪判刑一七年，大陸的人都說這是實在包不住了而不得不做給人看的，不然爲什麼她這個主犯判了徒刑，而另一名從犯卻判了死刑？不過是做替死鬼的人的老子只是一名局長，遠遠不如葉飛顯赫罷了！

至於中共高幹的住房，更是帝王般的享受，中央巨頭們除在北京有住宅外，在廬山、北戴河等地都有別墅，毛澤東死前在上海擁有一千多平方米的花園洋房，其內部裝修及陳設更是窮奢極慾。物資供應方面的享受，亦非一般百姓可比。北京東華門大街路北有一家「食品供應處」，專門供應中共的「首長」們購買市場上看不到的食品，茅臺酒、五糧液、鮮肉、活魚應有盡有，而且都是「優惠」價格供應。

在傳統上，知識分子一直扮演著社會良心的角色。但是在大陸，流行這麼一句話：「搞原子彈的不如賣茶葉蛋的，拿手術刀的不如耍剃頭刀的。」這句話充分表明了大陸知識分子的處境和地位。方勵之說今天大陸知識分子從過去的「老九」升到了「老三」的地位（排於工、農之後），這只不過是中共表面的空喊罷了，知識分子的政治地位和經濟地位，並沒有得到實質的改善。

一九八三年的調查表示，中年知識分子的死亡率是老年人的兩倍多，近年來這種情況更加惡化，中年知識分子的死亡率竟達到同年齡組體力勞動者的七倍！不久前，大陸的研究機構對十一個省市的二十多所大學和專科等高等院校及科研機構中的三萬多名高級中級知識分子進行了調查，發現他們的健康情況嚴重不佳，主要發現是：1.患病率高達六一%，這些人中因病而全年不能授課的教師竟有二、七〇〇人！2.高中級知識分子的平均壽命爲五八・五二歲，低於全體人口平均壽命十歲！另外，又對近期內死亡的二萬多例知識分子病例作了統計分析，得出進一步的結論是：3.死於事業黃金期（四一歲至五十歲年齡組）的中高級知識分子佔三一・八%。4.死亡的知識分子中有五三・七%死於癌症，二〇・一%死於心血管疾病。兩種疾病佔了死因的近四分之三（一九八八年一月二十七日《北京科技報》）。爲什麼今天大陸會出現這種令人痛心的情況呢？我們分析原因有如下幾個方面。

㈠大陸的中年知識分子，是五十年代至文革前走入大學的青年人，受過正統的專業教育，是在中共的「紅旗」下成長起來的一代，他們的思想中既有對中共的愚忠，也有對民族的責任感和對理想的追求，在中共的思想束縛和政治壓迫下，他們的矛盾心理承受了巨大的壓力。在毛澤東當政的時代，他們在歷次運動中吃盡了苦頭，在他們事業上剛剛開始起步的時候，又恰逢文革動亂，被無端浪費了十餘載光陰。當政治運動較爲和緩，提出改革開放以後，他們的雙肩又被壓上了沈甸甸的歷史重擔，老一輩的知識分子多年事已高，不能做什麼事了，而四十歲以下的一代人，由於文革的禍害，失去了求知進學的機會，成了「失落的一代」，多數一無所長。而這批「人到中年」的知識分子正當年富力強，既具備資歷，又飽有學識，因而在各部門的工作中自然而然就成了主力。

這些知識分子雖然在工作上抱著認眞的態度，也不計較工作條件的艱苦和生活水準的低劣，長年累月的超負荷運轉，使他們中的許多人體質羽化，染上了各種疾病。而由於工作繁重，又沒有具備專業條件的人來減輕他們的負擔，他們得不到充分治療和休息，只能抱病工作，導致健康加速惡化。

㈡大陸知識分子收入之低，恐怕全世界少有。方勵之曾說過，大陸知識分子的收入爲世界倒數第二，僅高於柬埔寨。知識分子在中國三十多年實際上是明碼降價，最高的教授在五十年代月薪拿三四五元，當時鷄蛋每個二分錢。現在最高的教授也只拿二五〇至二六〇元，至少少了三分之一的工資，但鷄蛋漲了多少？（一九八五年十一月四日在北大的演講）

中共一向不重視知識分子，敵視知識分子，毛澤東時代把知識分子打入了十八層地獄。如今情況雖有所改善，但眞正的實惠並沒有得到多少。近幾年大陸物價暴漲，通貨膨脹率使得絕大部分是在「清水衙門」工作的知識分子叫苦連天，而且他們所在的都是科研機關、學校、事業機構等，獎金也幾乎等於零。尤其是那一些四五十歲的知識分子，大多處在「上有老下有小」的「夾層」中間，他們的父母都已六七十歲以上，需要照料和贍養；子女則大多正在求學階段，這種局面使得中年知識分子百上加斤，負擔沈重。

展望未來，這樣的社會，前景如何？中共提出改革開放距今已有數年，從官方傳媒透露的一些零碎消息和實際觀察來看，改革使經濟繁榮市場活躍，尤其是個體經濟的出現，不但表現了商品經濟的生命力，而且造成了一批富戶。開放使西方和海外的信息較多地進入了過去十分閉塞的大陸，人民初次有了民主的啟蒙意識和人權思想，懂得了自我價值，這些無疑對大陸的進步是有益的。但由於中共的封建專制和大陸十分落後的經濟，在開放改革的同時，又出現了許多根本無法解決的問題，實際上已從根本上暴露了共產體制的弊病。

就以勞動力的運用而言，大陸勞動部門曾作了調查，以上海爲例，全市的冗員達到七〇至一二〇萬人，「隱性失業率」高達一四%—二五%。居大陸管理水準之榜首的上海工廠中，每人在一個工作日中的有效勞動不足四小時。中共的經濟學家測算，全國企業的冗員高達二千萬人，每年爲這些人付出的開支爲五百億元。工廠雖有大批閒人，但許多髒的、累的、苦的工作卻又沒有人做。由於體制上仍是大鍋飯，工廠負責人亦無可奈何，只好再另外花錢去農村雇用臨時工來做。上海的農村工已佔職工總數的三%以上，並在以每年九%的速度增長，而農村工的月薪是二百至四百元，大大高於從事同工種工作的工人。於是，工人更不願幹，農村中的青壯年農民則大批棄農從工賺取高薪，使得城市中的冗員越來越多，農村中的勞力越來越少（一九八八年三月二十四日《勞動報》）。而農村人口大批湧入城市，造成了城市中本已十分嚴重的供應、交通、治安等問題更加惡化，造成了農村缺少勞力，糧食無人種的局面。

中共僵化的官僚體制和幹部的以權謀私，是改革中的另一障礙。上海一家規模不大的合資企業，從列項到簽約竟蓋了一二六個公章，費時一年零三個月，跑遍了上海市十四個「委」、「辦」十九個「局」，而手續仍未辦完，圖章仍要繼續蓋下去。（一九八八年三月十二日《經濟日報》）有人建議，大陸應成立專門替人跑腿蓋章的「專業公司」或「蓋章專業戶」，以適應官僚體制的需要。

在改革開放之中，中共的各級幹部的另一大好處，就是「出國開洋葷」。他們巧立名目，競相出國，甚至連一個公園門票考察團也可遊徧歐美。當官的出洋是爲了「開眼」，一般人想出國目的則有不同。現在大陸青年出國留學已成了一種趨勢。一九八一年北京參加「托福」考試的只有二八五人，八七年猛增到二萬六千人，六年時間增加近一百倍。上海的《解放日報》承認，「有七〇%離開上海到國外去的人實際上並不是學生，而是沒有學歷和不懂外語的青年工人。」

上海出國的人數，八三年是三千人，八六年增到一萬人，八七年幾乎又翻了一倍，達到近兩萬人。不論以什麼理由申請，最終的目的，都是希望能留在海外，不再回來。尤其令中共不安的，是知識分子、文化界、體育界中精英分子的外流。大陸的報刊公開承認，這是中共自己的政策所致，咎由自取。目前，單是體操一項運動，大陸選手去了美國的就有李月久、李小平、童非、陳永姸、文佳、吳佳妮、熊松良等等，他們都是近年來國際比賽的獲獎者，其中李月久本沒有走的打算，但他的女友吳佳妮的戶口就是進不了北京，他們無法一起生活，只好跑到美國去團聚（一九八八年二期《新體育》）。不久前曾到香港演出西洋歌劇的女指揮鄭小瑛說：「中央歌劇院交響樂隊已經流走了三分之一，培養出歌劇《卡門》的主角五個走了四個！爲什麼留不住人才呢？除了外面世界的吸引力外，對人才的不重視也是原因之一。」

不重視知識分子，自然也不會重視教育。方勵之曾公開批評中共不重視教育，教育經費之少爲世界倒數第二。改革開放以來，中共在基本建設、工業、旅遊服務等方面投資很大，而在教育方面卻仍是「捨不得」花錢。爲此，今年三月底召開的「人大、政協」會議上，教育問題遭到了最猛烈的批評。具有民主鬪爭傳統的北京大學學生還貼出了大字報，直接批評中共總理李鵬主管教育的期間毫無建樹。大陸一個大學教授的月薪僅及香港教授的五十分之一，中小學教師的月薪更是僅及香港的百分之一。許多校舍由於年久失修，危在旦夕；上海弄堂中的小學被周圍工廠的噪音、污染所包圍，教學環境惡劣（一九八八年三月十五日上海《文匯報》）。江西省去年和今年都發生過教室倒塌造成學生傷亡的慘劇。

大陸教師除了待遇奇差之外，由於官方對教育的輕視，令社會上也產生了輕視教師的現象。

在這種背景下，沒有人再願當教師，師範學院很少有人願意報考，而已當教師的都在設法改行，謀一份賺錢多些的工作。福建閩東地區今年有八五三名教師離職轉行，致使一四八所學校臨時關閉（一九八八年五月十七日《福建日報》）。大城市的教師雖然沒有公然辭職，但也無心授課，紛紛去謀第二職業。

另一方面，學生讀書的興趣也日漸減低，許多學生尤其是農村學生，紛紛棄學從商，以早日立足社會。大陸的個體戶多是輟學青年，文化水準低，但在目前的社會條件下，他們可以月入千元，很快成爲富戶，引得許多青年學生的欣羨。而大學畢業的學士、研究生，月入不足百元，過著清貧的日子。兩相對照，讀書無用、知識不值錢的認識逐漸深入人心，形成了學生中的一種很普遍的心理狀態。因而，他們不愛學習，不關心政治，抽煙、早戀成了風。

北京市的中學生有四分之一自已花錢買煙吸，吸煙成癮者已佔三〇％。若除去佔半數的女生，這個比例實在高得驚人了，北京教育局已正式要求商店不要向中小學生出售香煙（一九八八年四月七日《信息日報》）。更具諷刺的是，一項調查顯示，北京的初中學生中竟然幾乎沒有人知道中共首腦朱德和劉少奇的名字，只有二二％的初中學生知道毛澤東，即使是周恩來，知道他的人也不足五〇％。而他們熟悉的人物，則是一休和尚、霍元甲、陳眞（均是日本和香港電視片中的人物）（《上海譯報》）。

今天的大陸民眾對共產黨的信任、對共產主義的信心、對馬列主義的信仰這「三信」，已表現出嚴重的危機。

這種三信危機的表現甚至在官方機構中也明顯地表現出來。中共的「中央編譯局副局長」林基洲對報界說，近年來出版馬列主義經典著作和研究馬克思主義的書越來越難，「一些出版社一聽要出版有關馬克思主義的書就搖頭，因爲要賠錢！」（一九八八年三月二十六日《新聞出版報》《紅旗》的停刊，《人民日報》銷量銳減也都從一定層面上說明大陸的「三信危機」日益嚴重。

共產主義或許在大陸是漸漸沒落了，可是經過四十年的洗刼，十億中國人又將何去何從呢？

附錄

大陸文化與學術的新近發展述評

傅偉勳

編按：傅偉勳教授目前主持於天普大學（Temple University）佛學與東方思想博士班研究所，由於近年來可以往赴大陸訪問，對於地方上文化整理的工作情況，頗爲了解。傅教授雖未參與新聞工作人員講習，但本文以個人見聞爲經，以大陸學人相關著作評述爲緯，勾勒出大陸當前在地方文化重建、傳統文化整理與中西文化關係三方面的新近概況，也提供了豐富的相關資料，以及正確評述的角度。尤其在地方文化重建方面，在翻修寺廟、整理典籍、出版期刊、甚至研究地方哲學方面詳加著墨，並指出此一地方文化重建運動反映了愛國主義與尋根意識。讀傅教授此文，亦可對大陸年輕一代學者的文化見解有所認識。

一、前　言

兩年來作者爲臺北報章雜誌寫過有關同一主題的長篇短論，而在去年聖誕節期間，又應邀參加政大國際關係中心所辦「現代華人地區發展經驗與中國前途」研討會，發表了一篇〈大陸學者的文化再探討評析〉❶。本文算是接著此篇繼續申論的姐妹篇，儘量除去已討論過的內容，重點擺在大陸地方文化學術的再發現與再探討、青年學者的文化辯論以及新近重要學術著作等項，一一加以評介，並於結論部分預測大陸文化與學術的未來發展可能趨向，同時稍予比較海峽兩岸文化學術的優劣長短。

「文化」一辭範圍極廣，除純粹學術之外，還包括文學藝術的創造成果，以及政治、社會、經濟、教育、科技、日常習俗、倫理規範、宗教等等層面的綜合性精神表現；至於學術，則可看成文化的學理性精密表現，專指自然科學、社會科學乃至人文學科的各科研究與著述，以及科際整合的成果而言。由是，廣泛而普及的文化與理論形態的學術相輔相成而不可分割。這就是本文所以兼顧中國大陸的文化發展與學術探索的基本理由。

❶ 包括此篇在內的有關拙文，已經收在拙著《「文化中國」與中國文化——「哲學與宗教」》三集（一九八八年四月臺北東大圖書公司印行）。

二、地方文化學術的再發現與再探討

近年來的大陸文化發展動向之中，有一顯著的現象，卽是地方文化的再發現與再探討。中共領導層一方面爲了觀光旅遊的實際收入，另一方面也爲了順應國際共產主義破滅之後愛國主義與尋根意識的萌芽滋長，相當重視地方文化的重建問題。以佛敎爲例，從沿海一帶到洛陽、開封等地的名刹大寺，如杭州的靈隱寺、嵩山的少林寺等等，大都經過改修重建，花過不少費用與勞力，有少數與日本佛敎高僧有因緣的寺廟，還接受過日本佛敎團體的捐助而重新整修。但因經費所限，仍有不少佛敎史上著名的寺刹依然荒廢，未經整修，令人歎息。譬如我在去年五月參觀過的廣州光孝寺，算是嶺南年代最古、規模最大的一座名刹，民諺有云：「未有羊城，先有光孝」。此寺自曇摩耶舍（三九七——四〇一年間）、求那跋陀羅（四二〇年）二尊者創建道場，中經達摩始祖（五二七年）與慧能六祖（六七六年）先後顯跡，尤其慧能於此剃髮受戒，在中國佛敎史上一直是著名勝地，一九六一年中共國務院把它公布爲全國重點文物保護單位，五年之後又正式交與宗敎部門管理。然而該寺和尙寥寥無幾，毫無當初的「嶺南第一名刹」氣象。又如我在今年五月參觀過的五台山，號稱中國佛敎四大名山之一，但看山中一大半寺刹破舊不堪，暴露了山西一帶內陸地區的貧瘠落後，令人唏噓。這些問題祇有整個大陸的經濟發展到相當程度之後，才有辦法逐一解決罷。

名刹大寺的整修不够周仝，倒沒有阻礙了地方文化的學術性探討工作的進行。今年（一九八八）五月初旬，我到北京西南郊七十五公里的房山雲居寺訪問，參觀了該山的大量石經和古塔羣。房山又稱石經山，自隋大業年間僧人靜琬等開創刻石經的壯舉以後，歷代相沿，至明朝末年，前後達千年之久，數量超過一萬五千多石，所刻佛教典籍共有三千四百五十二卷，包括《法華經》、《華嚴經》、《涅槃經》、《維摩經》、《金剛經》、《大般若經》（一部分）、《大智度論》、《瑜伽師地論》等。中國（大陸）佛教協會於一九五六至五八年對石經進行了全面的調查、發掘和拓印工作，歷時三載始告完成。一九七八年佛協編輯出版了《房山雲居寺石經》一册，又在八〇年成立中國佛教圖書文物館，設有「房山石經整理研究小組」，專門從事房山石經的整理和研究，長期計畫遼金刻經拓片影印出版（共二十二册），以及隋唐刻經拓片及論述文集，編成五十五册大叢書。大規模的研究工作可以說前幾年才開始。羅炤是主要的工作人員之一，帶我參觀保存在小西天九洞和雲居寺文物保管所內的石經，如完整的《瑜伽師地論》（共百卷）與整部《華嚴經》，嘆賞之餘，不禁肅然起敬，對於古時僧人的宗教精神更加欽佩。該寺負責人贈我一册《房山石經之研究》，書中一篇〈房山石經述略〉提及房山石經的價值，謂：「不僅對研究我國的佛教興衰、佛教經籍有很高價值，並爲研究我國古代，特別是古代北方地區社會經濟、政治、文化、藝術等，提供了一批重要而豐富的原始資料，也可以說已成爲世界一宗寶貴的文化遺產」。事實上，已有不少歐美佛教學者對於房山石經開始注意，羅炤本人就是由於他對石經的學識而應海德堡大學的特別邀請，陪我參觀之後三天，飛往德國協助那裏的石經研究。臺灣的一般觀光旅客多半祇注意到大陸的名刹大寺，恐未曾了解房山石經之類的文化學術價值，而從事於佛學與宗教學研究的臺灣學者恐怕也沒有人有過參觀房山雲居寺的機會，因此我藉本文簡介石經為主的房山一帶地方文化，希望能够引起大家的興趣。羅炤又帶我去看山中某處可能埋藏更多石經的地方。他說數年前設法掘發，但怕技巧不足而毀壞埋藏的石經及其他重要佛教文物，故於中途停工；並說他猜測地下的文物恐比敦煌的還多還要豐富，將來全部挖出之後，當對中國佛教以及文化學術的研究引起一大震盪云云。

五台山雖然貧瘠破舊，不過畢竟是佛教名山，近年來大陸學者專門研究此山一帶的傳統佛教文化，也收到了一些成績。駐留該山負責研究工作的學者贈我一九八五年十二月創刊的《五台山研究》期刊一套，我看到不少文章論介這一帶的名勝古蹟、文物詩歌、寺院經濟、資源開發等等有關地方佛教文化的事項，十分有趣。去年五月中旬，我在西安與陝西省社會科學院哲學與歷史兩所研究員座談，首次聽到「長安佛敎」的專用名辭。研究中國佛教史的日本學者大有人在，卻從未使用過「長安佛敎」這個名辭，由此可見西安一帶地方文化與學術的研究風氣之盛，還是近幾年才開始的。該院贈我西安名刹研究新著三册，據說還有四册待出，分就七個名刹一一作成較有系統的整理，俾有助於西安文化的再發現與再探討。五月下旬我在成都參觀了著名的杜甫草堂與武侯祠，也在這兩處的售賣部看到有關的新近著作，比如金啟華等人合著的《杜甫詩論叢》、成都市諸葛亮研究會所編的《諸葛亮研究》、黃惠賢與丁保齋合編的《諸葛亮研究新編》、「諸葛亮與三國」編輯組所編的幾輯《諸葛亮與三國》等是，大都論及杜甫與諸葛亮與成都一帶地方文化的密切關係。其他大陸各地的地方文化研究情形也大同小異，據此不難窺見一斑。

地方文化的研究自然包括地方學術的再發現與再探討，這一方面的研究成果也值得我們注目。譬如一九八六年出版的高令印與陳其芳所著《福建朱子學》，對於福建朱子學形成的社會基礎、思想淵源以及南宋末年乃至民國初年的此派代表人物，如南宋末年的黃干、蔡元定、陳淳、眞德秀等人，元代的熊禾、陳晉與吳海，明代的陳眞晟、周瑛、張岳、林希元等人，清代的李光地、孟超然、陳慶鏞、辜鴻銘等人，論述甚詳，極具參考價值。作者下結語說：「歷史證明，福建朱子學對省內外國內外學術文化交流起了重要作用。從明代嘉靖以來，福建經濟、文化發展緩慢下來，變成落後的一個省分，其中一個重要原因就是實行海禁，對外不開放。事實說明，福建沒有對外開放，福建經濟就不易繁榮，福建文化就難於發展，對福建地方哲學的提高也將起阻礙作用」，言下之意似乎暗示著當前經濟特區（如厦門）的設立與沿海一帶（對外）經濟開放的政策實有繼續推行的必要。也就是說，作者研究福建朱子學，除了純粹的學術目的之外，還有支持開放政策的實際用意在內。作者所提「地方哲學」(local philosophy) 這個新詞，也頗饒意味，當有助於繼續發現並探討大陸各地的地方思想家與當地風土人情的背景關聯。

又如浙江省社會科學院前任院長沈善洪（現任杭州大學校長）所主編、該院哲學研究所所長吳光等人實際編校的浙江省名儒黃宗羲全集，依照原定計畫共出十二册，其中第一、二册已有臺北書商翻印出售，也是近年來地方學術研究發展的一項重要工作。再如浙江人民出版社去年印行的《浙江十大文化名人》，共收十篇論文，分就王充、沈括、陸游、王陽明、黃宗羲、龔自珍、蔡元培、章太炎、王國維與魯迅等十位浙江名人一一評述。誠如序言所云，「探索浙江的文化淵源、文化發展規律，研究浙江在中華文明史上做出的建樹，及在內外文化交流中所起的作用等等，既是對中華文化整體研究的一個方面和深入，又是總結歷史經驗可爲發展文化提供借鑒；還可能起到增進中華自信心的作用」。由此不難想見，大陸學者近年來積極進行的地方文化與學術的再探討工作，乃是愛國主義與尋根意識的一種強烈反映。而書中各篇所論，也多能予正面肯定上述名人的思想或學術貢獻，很少援用馬列一棍子打死人。譬如撰寫〈王陽明和他的心學〉的沈善洪，對於「唯心論者」王陽明評價甚高，說：「王陽明不愧爲我國歷史上一位頗有見識的教育家。在他的教育思想中，固然不可避免地包含著封建政治和封建道德的糟粕，但更應重視的則是他所繼承和豐富了我國教育思想的優良傳統。……不管就王陽明學說的內容及其發展趨勢來說，都有深入探討、全面評價之必要。任何抓住一點，不及其餘，脫離歷史條件，不作具體分析的做法，都是不可取的」❷。

---

❷ 該書一八七至一八八頁。

關於地方學術的系統化研究計畫之中，最令我們注目的是南開大學哲學系資深教授方克立所負責主持的《現代新儒家學案》這項大型學術著作兼資料工具書的出版計畫。據他所擬好的編寫原則和體例，「它是將爲了解和研究現代新儒學的產生和發展，其主要代表人物的生平和學術思想，提供較完整而系統的資料，起到學術思想史和學術思想史料選編的雙重作用。全書約一百五十萬字，分上、中、下三册出版」。依照此項計畫，初步選定的現代新儒家共有十位，即梁漱溟、張君勱、熊十力、馮友蘭、賀麟、錢穆、方東美、唐君毅、牟宗三與徐復觀。人自一案，不搞合案，每個學案的內容包括「評傳」、「資料選輯」與「論著目錄」三部分。擔任上述十大家撰述工作的研究人員，皆屬各家家鄉的大學或學術機構，譬如《熊十力學案》專由湖北大學等校負責整理，蓋因熊氏係湖北人之故。以上簡述地方文化與地方學術的新近探討與重建工作，這對臺灣各縣各市的地方文化學術的未來研究可能帶來一些啟廸性的衝擊，值得我們關注。

三、年青學者的文化討論

我在數篇拙文曾論介過李澤厚、湯一介（中國文化書院院長）、金觀濤、甘陽等當前大陸文化學術界的著名人物，但是整個大陸具有無數的人文部門以及社會科學部門的老壯青三代學者，其中也有不少人熱烈討論「傳統與現代化」、「中西文化優劣比較」等等課題。在這裏選出一、兩篇青年學者作品，作一簡短的述評。

譬如浙江省青年社會科學工作者協會編成的《東西文化與中國現代化》（演講集），除了龐僕、李澤厚、蕭萐父、王元化、包遵信等著名學者的言論之外，也包括年青學者黃萬盛（上海社會科學院哲學研究所年青所員）的兩篇，在頭一篇〈中國文化與中國知識分子〉中，他認爲當代（中國）文化問題的緣起根源於兩個主因：一是中國現代化的邏輯（涉及近代洋務運動到五四運動與文革十年的兩個循環）決定了它最終要走到文化這個主題上；另一是中國思想界尋求民族自立的思想框架所走的一條坎坷道路，總是表達中華民族必須走向現代化和工業主義的基本願望，除此之外別無出路。黃氏就五四運動與文化、文化與知識分子、知識與知識分子的規定性、中國知識分子的特性、道路和品格等項抒發己見之後，談及知識分子如何從傳統型向現代型轉化的問題，認爲轉化的艱苦過程必須包括三個條件，卽：⑴對當代人類知識的最新發展具有整體性的了解；⑵知識分子要從個體與整體（集體、國家、民族）的局部功利中超越出來，從人類性看民族性；⑶要少一點參政意識，多一點理想人格，多一點追求眞理的決心和探索。黃氏提出的轉化三大條件，可能代表今日大陸較有自覺的少數知識分子的基本態度，可說仍繼承著傳統以來中國知識分子特有的「國家興亡，匹夫有責」這種使命感，也在這種使命感中多少可以看出大陸知識分子的苦悶與掙扎，甚至無奈感。

在另一篇〈文化發展的機制及其遠景〉，黃氏主張「調整和改造我們的文化結構，而不是簡單地用粉碎性的方法來解決我們的文化問題」。至於如何調整和改造中國文化結構，他特別強調中國（大陸）現有八億農民這個特點，所有走到工業主義的國家都無此特點。「農本」的思想，特別強調崇拜權威，大一統的政治經濟體制，以及重倫理而輕功利的傳統觀念等等。也就是說，在農業作業方式基礎上形成的思維方式、抒情方式、價值觀念、社會結構模式等方面的現代化揚棄與變革，從根本上說，都有待於它所擁有的最深厚的社會基礎的變革，這正是中國大陸最大的問題。

黃氏在這裏祇強調「八億農民的現代化發展問題解決好了，在工業主義意義上的現代化就比較好解決」。但他並沒有提出具體的解決線索。不過他倒是提到了文化結構的轉化必須考慮的比較具體的整合要素，亦即民族的思維方式、抒情方式、價值選擇方式、實踐運動方式以及社會組合方式等五個要素。最後，黃氏檢討文學、宗教、人類科學及哲學等四個主要的精神領域在一百年來（尤其西方）所經歷過的極大變化，而下結論說：「中國的前途只能在人類發展之中去尋找，躲開人類的前景，中國是沒有前途的」。我讀黃氏此篇，深深感到，以黃氏爲例的中國大陸青年學者一般都有水準以上的聰慧，論其天賦，較歐美日等國的同一代有過之無不及，祇需一點學識即能抓住大題，天馬行空般地發揮高論。但是，退一步予以考察，如無西方與日本已有的各種學科專業化與精密化的學識根基，祇憑個人的才華去談東西文化與中國現代化課題，是否容易流於空泛而不踏實，很有眼高手低之嫌？我是不無疑問的。

黃萬盛也主編過一本《危機與選擇——當代西方文化名著十評》（一九八八年上海文藝出版社印行），序中說道：「現在，當我們走向建設現代化的新的里程之時，新的時代精神仍然會向蟄伏在我們生活中的一切陳舊的觀念、思想發起挑戰，我們仍然需要作出選擇。『四個現代化』本質上也是一種選擇，是對擺脫貧窮落後危機的積極選擇。現代西方社會在科學、技術、工業等方面高速發展，這也造成了前所未有的困惑，也存在著必須作出選擇的壓力。在二十世紀『危機與選擇』造就的基本心態，幾乎是全部西方人文科學的心理基礎。……在此意義上，我們選擇了一些有代表性的著作加以評述」。

黃氏及其同志所選評的十本當代西方文化名著是：埃利亞斯（Norbert Elias）的《文明的進程》，福柯（Foucault）的《知識考古學》，杜威的《自由與文化》，斯賓格勒的《西方的沒落》，海德格的《關於技術的追問》，湯因比的《歷史研究》，盧卡契的《理性的毀滅》，本尼迪克特（Ruth Benedict）的《文化模式》，波普爾（Karl Popper）的《科學知識進化論》，以及費正清主編的《劍橋中國晚清史》，其中關於埃利亞斯與福柯的兩篇評論乃屬中譯，故不能代表黃氏等一批年青學者的眞正看法。對於杜威哲學，孫月才認爲正因杜威崇尚「實用理性」，他才有可能去關心自由與文化的關係問題，才有可能主張發展科學和改造社會，用科學技術去解決人在自然界和社會中所面臨的一些問題，並通過有理性的合作以發揚社會民主，由此使不穩定的人類生活達到安寧和穩定。孫氏不但正面肯定杜威一派的實用主義對於美國資本主義社會及文化的偉大影響與貢獻，進而同意賀麟對於杜威的看法，即「(杜威對於) 傳播科學與民主有過貢獻，對於中國人民是很友好的」❸。

商戈令評斯賓格勒，也承認他關於文化是有機體的理論、文化的個性理論（如各別文化發展的獨立性、多樣性與可能性）以及歷史文化研究方法的獨特性論點，都有啟發意義或價值。兪宣孟一方面評斥海德格的哲學「本質上是資產階級的意識形態」，而其「技術異化」的理論遠遠不及馬克思的「勞動異化」理論所涉社會改造的實踐論點；另一面卻也能予肯定海德格的「技術異化」批判論對於現代西方的技術文明後面潛伏著的危機的分析與揭露有其獨到之處。

張士楚對於湯因比通過歷史研究而提出一種「期待普遍性的高級宗教出現而爲未來眞正的宗教」這個看法，表示難以接受，並謂：「如果湯因比不執著於宗教，而能發掘出人類本性中存在的更普遍的信仰，那麼，他的作品就會有更深刻、更強大的啟示力量」❹。紀樹立雖然認爲波普爾所描述的文化衝突的前景很正確，也對他那反對科學主義、教條主義與權威主義的開放精神評價甚高，但又認爲他仍然過分看重了科學在整個文化中的價值和意義，仍然過分期待科學（精神）終能幫助人類擺脫各種思想束縛和政治壓迫，故未能完全脫離科學主義優位觀點。不過，作

❸ 賀麟《現代西方哲學講演集》，二七九頁。

❹ 《危機與選擇》，一四六頁。

者基本上對於波普爾的成就表示由衷的欽佩。我們從這些評論可以想見，大陸青年學者與老一代不同，對於西方學術與文化較能肯定，並願多所吸取。如此步步消化西方名著，逐漸在各種學科設法紮好專業根基，要比順著「文化熱」大唱高調平實有益得多。

《復旦學報》（社會科學版）編輯部最近編出一册《斷裂與繼承——青年學者論傳統文化與現代化》（上海人民出版社），共收二十篇。其中一篇〈中國傳統文化新探〉由張鴻雁撰寫，舉出影響（四個）現代化的傳統文化負面因素共有七點：⑴幾千年來的小農意識所反映的平均思想，目前突出地表現在人才思想上，即選拔人才時很少有人擢拔「勝己者」，而是注意「服己者」；⑵傳統學術思想當中的中庸、無為、守舊、保守思想，影響所及，敢於直率地表達看法就被視為「政治上不成熟」，而「對新事物抱有懷疑態度」的，就被視為「長者風度」；⑶否定個人因素；⑷家長作風和宗法觀念；⑸在價值觀念上常用「利」、「德」做為評價事物和人的主要標準，阻礙了人們創造「價值」和使用「價值」的欲望，也阻礙了社會經濟的發展；⑹思維方式上「常好以見聞所及，持一孔之論」，常用形而上學反對形而上學，造成誤差；以及⑺夜郎自大，不承認外來文化的優越處。張氏所舉這些負面因素必然關聯到政治體制改革（第五個現代化）與思想教育改革（我所說的「第六個現代化」）❺，就在這兩項改革，大陸所將面臨的困難

❺ 參閱拙著《「文化中國」與中國文化》，一〇五—一〇七頁。

可說重重。

另一青年學者嚴捷則在〈論傳統與民族文化心理結構〉，主張「問題的關鍵不在於傳統的悠久，而在於主體的自我調節功能」。據此主張，作者認爲把民族落後的原因一味歸咎於傳統文化並不正確，而是應該強調主體保持最佳的適應性、可變性和平衡性。這樣，人們就「不再認爲傳統是進步的阻礙，而認爲它可能是未來行動的指南」。比如「解放思想」，就是要解除束縛主體自我調節的種種不良因素，而「堅持開放政策」，增強與各國人民之間之經濟、思想文化信息交流，亦對主體調節能力具有重大意義。我們如果順著作者的提議去推敲，大陸所面臨的「傳統與現代化」難題，終究還是在上述第五與第六個現代化能否優先推行的根本癥結上面。

四、新近重要學術著作選評

大陸兩三年來所出版的學術著作可說汗牛充棟，就數量言，遠遠超過臺灣的出版界。我在本節祇能選評其中能够特別反映中國思想文化發展的幾部（以哲學宗教思想爲主的）新近學術著作。

首先值得注目的是足以反映中國佛教思想文化發展的一部精彩著作，即現任南京大學哲學系宗教學教研室主任賴永海的《中國佛性論》（今年出版），收在甘陽主編的《文化：中國與世界系列叢書》之中的《人文研究叢書》。賴氏生於一九四九年，一九八六年畢業於南京大學哲學系，獲中國（大陸）社會科學院研究生院哲學博士學位，該書便是任繼愈教授指導下的博士論文。此書的第一點特色是，在大陸學者的佛教研究首次針對專題進行精細的純學術探討而完全避免了馬列教條干擾或束縛，可以算是水平很高而嚴謹的學術論著，超越了任繼愈（著有《漢唐佛教思想論集》）與郭朋（著有《漢魏兩晉南北朝佛教》、《隋唐佛教》等書）等老前輩的學術功力與意理限制，實在難能可貴。連指導教授任氏都不得不在序中改變以往的教條口氣，說：「隋唐時期的中國哲學史是十分豐富的，不僅有柳宗元、劉禹錫等幾個唯物主義者支撐局面，在更大的範圍內所探討的心性論，反映著隋唐的時代思潮。那個時代的理論水平相當高，超過了魏晉玄學的造詣。……從目前學術界關於中國佛教研究情況看，這部書有首創的功績」。

第二點特色是，賴氏能環繞著佛性論這個中國佛學的中心課題討論早期的法性論與眞神論，本有說與始有說，（天台）性具論與（華嚴）性起論，慧能的頓悟神與後期禪宗發展，自力（禪）與他力（淨土）等等直接間接有關的論題，廣引佛教經論予以詮釋與論證，而討論的順序有條有理，文筆亦極暢通達意，乃屬上乘之作。中國佛學向稱難入難通，多半學者不敢試探（因一進去就是幾十年時光），連以《中國哲學史》著名的馮友蘭，對於佛學部分也草草了事，而在他最近出版的《中國哲學史新編》第四冊，乾脆除去從未搞通的天台宗部分，隻字不提。任氏稱讚賴永海「這部書有首創的功績」，實非過言。此後大陸佛學研究者如以此書爲準，當可期待更進一步的學術表現。

美中不足的是，作者在最後一章忽然順著馬克思《論猶太人問題》中的論調，想從「當時社會的經濟狀況、政治形勢乃至整個社會歷史條件中尋找宗教的產生、發展乃至各種宗教學說興衰潛顯的奧秘」，而對佛性論與佛教下一否定的評斷，說：「佛性學說的作用也是如此，社會的苦難把人們逼近了佛國的大門，但佛教給他們帶來的是更大的苦難。……佛教本身的罪惡並不少於世俗的罪惡，它給社會所帶來的苦難，有時要比社會本身的苦難還大，還多」❻。包括賴氏的大陸學者，多半似乎仍受馬克思所謂「宗教是人民的鴉片煙」這種反宗教論調，仍未能分辨宗教在世俗社會造成的實際禍害這個社會史問題與宗教本身的價值意義問題，而就後者重新探索宗教學說（如佛性論）的眞諦或奧義所在，如此貫穿宗教學與其他學科的科際整合。大陸學者在宗教學研究的眞正突破，恐怕還要等待中共徹底捨離馬列教條才有可能。

足以強烈反映中國思想文化發展的另一學科是（中國）美學，由李澤厚與劉綱紀主編的《中國美學史》第一卷已顯示大陸美學研究頗有成果。去年七月出版的《中國美學史》第二卷，洋洋六十五萬字，據說從頭到尾係由劉綱紀獨力撰成，實爲一部宏作。全書對於魏晉南北朝時代的美學思想，分成建安時期、「正始」前後至魏末時期、西晉時期、東晉時期、劉宋時期以及齊梁

---

❻ 該書三〇三—三〇四頁。

至陳的時期，且對每一時期的代表性美學思想一一細予析評，舉凡建安文學與曹丕的《典論・論文》，魏晉玄學與美學，阮籍的〈樂論〉，嵇康的〈聲無哀樂論〉，陸機的〈文賦〉，《列子》的美學思想，《抱朴子》的美學思想，陶淵明的美學傾向，魏晉書論與畫論中美學思想，劉勰的《文心雕龍》，鍾嶸的《詩品》，乃至齊梁書論的美學思想等等，無一不收，對各家各派的評語亦頗中肯，且時有創見。譬如作者提到陶淵明是第一個結束了玄理與山水對峙狀態的詩人，他的「即事」要在當下日常的生活中獲得一種人生的解脫和感悟；而陶詩的「平淡」有其獨特的審美境界，不同於玄學與禪宗。作者評謂：「它（淵明的挽歌詩與雜詩）以一種極爲冷靜清醒的眼光去看人生的死，完全不希求道敎、佛敎所說的肉體的長生或『法身』的永存。同時，正是在這種極爲哀傷而又清醒冷靜的看法中，表現了一種對人生的深情的愛戀。……總而言之，這『平淡』的特徵就在於徹悟人生的苦難，但又不放棄現世的人生，而仍然率真、質樸地肯定現世人生有美好可親的東西，從日常的生活中去尋求心靈的滿足和慰安。它相當典型地表現了本書第一卷緒論中已經指出的，中華民族以超越道德、宗敎的審美境界爲人生最高境界這一特徵」❼。作者此評不但公允，亦有創造性的詮釋功力。又如作者論及《文心雕龍》，舉出三大特徵，即：⑴重視自然的、感性物質世界的美，⑵肯定「情」與藝術的不可分離關係（此「情」特指荀學所講的和積極

❼ 該書三九九頁。

的社會政治人事活動相關的「情」），以及⑶結合《易傳》的「剛健」概念與魏晉人物品藻中的「風骨」概念，提出了中國美學史上有重要意義的「風骨」這個範疇。但又同時指出，劉勰的美學又有著與荀學、《易傳》、《樂記》等他所繼承的儒家思想衝突的地方。譬如劉勰一方面批評了當時的艷麗文風，但另一方面又想要求艷麗不能違背儒家正道，故其美學產生重大的內在矛盾，這是《文心雕龍》長久遭到冷落的主因。

我在《兩岸處境與中國前途》曾提到劉綱紀，描敍他「爲人短小精悍，說理亦極精銳」。今年重逢，暢敍多時，更覺他是生來卽注定爲學問上「苦行僧」（同行給他的綽號）的一位很有哲學氣質或風骨的人物，在今日大陸實不多見。他爲韋政通兄與我合編的《世界哲學家叢書》答應撰寫《劉勰》，今年年底完成，將是第一位正式爲臺北出版商（東大圖書公司）寫書的大陸學者，當有促進兩岸文化學術交流的象徵性意義，讀者當可期待此一佳作不久出現。劉氏近著還有兩部系統性的美學專著，卽《美學與哲學》與《藝術哲學》，都在前年出版，可見他的美學理論根柢的紮實深厚，據我看法，已有凌駕李澤厚之勢，前途未可限量。

在哲學史方面，值得注目的是侯外盧等人主編的《宋明理學史》下卷（一九八七年人民出版社）與任繼愈主編的《中國哲學發展史》第三卷魏晉南北朝篇（一九八八年人民出版社），卷帙浩繁，皆在千頁上下。前者敍自明初的理學，止於明末清初的李光地理學思想，對於各家各派評述甚詳，有其一定的學術貢獻，至少斷代哲學史還未出現過如此一部宏著。令人感到遺憾的是，作者的評價未離馬列束縛，仍未能正面肯定原思想家的哲學貢獻。譬如作者評陽明的心學說：「王守仁之於禪宗，其哲學的唯心主義則一，但爲了亮明聖學大纛，他自然要在不妨礙其有得於禪的前提闢禪了。……王守仁倡學立說，目的在於『上欲以其學輔吾君，下以其學淑吾民』，挽救明中期以來『沈痾積瘻』、『病革臨絕』的統治危機。他認爲，造成此種局面是因爲人心敗壞、道德淪喪，因此亟需一種速效的『救心丹』」❽。如此套有馬列意理的外在批評，毫無助於我們對於陽明心學的內在本質，令人感到批判有餘，繼承不足。

至於《中國哲學發展史》第三卷，已經克服了不少此書前卷仍然帶有的教條意味，處理魏晉南北朝時期的各家各派思想，大體上平實而公允，注意到哲學思想的繼承發展，故有高度的可讀性，亦具一定的學術價值。令我頗爲驚訝的是，對於佛教的評價甚高，儘予排除大陸學者以往反宗教——尤其反外來（印度）宗教文化——的否定態度。譬如比較王弼爲主的玄學與魏晉開始的中國佛學之時評謂：「玄學無論在本體論或人生論方面，都比不上佛學」❾。該書作者在最後一節「三教鬬爭與融合的歷史作用」，更進一步讚賞佛教與道教的貢獻說：「（佛道二教）也有緩和社會矛盾和危機的作用，並在一定程度上反映了人民的願望和理想，所以能够在教徒羣眾中引起共鳴。此外，佛道教作爲一種文化，它的建築、雕塑、繪畫、文學、健身學等，在宗教的形式

---

❽ 該書二六四頁。

❾ 該書二五八頁。

滄海叢刊已刊行書目（八）

書名	作者	類別
文學欣賞的靈魂	劉述先	西洋文學
西洋兒童文學史	葉詠琍	西洋文學
現代藝術哲學	孫旗譯	藝術
音樂人生	黃友棣	音樂
音樂與我	趙琴	音樂
音樂伴我遊	趙琴	音樂
爐邊閒話	李抱忱	音樂
琴臺碎語	黃友棣	音樂
音樂隨筆	趙琴	音樂
樂林蓽露	黃友棣	音樂
樂谷鳴泉	黃友棣	音樂
樂韻飄香	黃友棣	音樂
樂圃長春	黃友棣	音樂
色彩基礎	何耀宗	美術
水彩技巧與創作	劉其偉	美術
繪畫隨筆	陳景容	美術
素描的技法	陳景容	美術
人體工學與安全	劉其偉	美術
立體造形基本設計	張長傑	美術
工藝材料	李鈞棫	美術
石膏工藝	李鈞棫	美術
裝飾工藝	張長傑	美術
都市計劃概論	王紀鯤	建築
建築設計方法	陳政雄	建築
建築基本畫	陳榮美 楊麗黛	建築
建築鋼屋架結構設計	王萬雄	建築
中國的建築藝術	張紹載	建築
室內環境設計	李琬琬	建築
現代工藝概論	張長傑	雕刻
藤竹工	張長傑	雕刻
戲劇藝術之發展及其原理	趙如琳譯	戲劇
戲劇編寫法	方寸	戲劇
時代的經驗	汪琪 彭家發	新聞
大衆傳播的挑戰	石永貴	新聞
書法與心理	高尚仁	心理

滄海叢刊已刊行書目(七)

書名	作者	類別
印度文學歷代名著選(上)(下)	糜文開編譯	文學
寒山子研究	陳慧劍	文學
魯迅這個人	劉心皇	文學
孟學的現代意義	王支洪	文學
比較詩學	葉維廉	比較文學
結構主義與中國文學	周英雄	比較文學
主題學研究論文集	陳鵬翔主編	比較文學
中國小說比較研究	侯健	比較文學
現象學與文學批評	鄭樹森編	比較文學
記號詩學	古添洪	比較文學
中美文學因緣	鄭樹森編	比較文學
文學因緣	鄭樹森	比較文學
比較文學理論與實踐	張漢良	比較文學
韓非子析論	謝雲飛	中國文學
陶淵明評論	李辰冬	中國文學
中國文學論叢	錢穆	中國文學
文學新論	李辰冬	中國文學
離騷九歌九章淺釋	繆天華	中國文學
苕華詞與人間詞話述評	王宗樂	中國文學
杜甫作品繫年	李辰冬	中國文學
元曲六大家	應裕康 王忠林	中國文學
詩經研讀指導	裴普賢	中國文學
迦陵談詩二集	葉嘉瑩	中國文學
莊子及其文學	黃錦鋐	中國文學
歐陽修詩本義研究	裴普賢	中國文學
清眞詞研究	王支洪	中國文學
宋儒風範	董金裕	中國文學
紅樓夢的文學價值	羅盤	中國文學
四說論叢	羅盤	中國文學
中國文學鑑賞舉隅	黃慶萱 許家鸞	中國文學
牛李黨爭與唐代文學	傅錫壬	中國文學
增訂江皐集	吳俊升	中國文學
浮士德研究	李辰冬譯	西洋文學
蘇忍尼辛選集	劉安雲譯	西洋文學

滄海叢刊已刊行書目(六)

書名	作者	類別
卡薩爾斯之琴	葉石濤	文學
青囊夜燈	許振江	文學
我永遠年輕	唐文標	文學
分析文學	陳啓佑	文學
思想起	陌上塵	文學
心酸記	李喬	文學
離訣	林蒼鬱	文學
孤獨園	林蒼鬱	文學
托塔少年	林文欽編	文學
北美情逅	卜貴美	文學
女兵自傳	謝冰瑩	文學
抗戰日記	謝冰瑩	文學
我在日本	謝冰瑩	文學
給青年朋友的信(上)(下)	謝冰瑩	文學
冰瑩書柬	謝冰瑩	文學
孤寂中的廻響	洛夫	文學
火天使	趙衞民	文學
無塵的鏡子	張默	文學
大漢心聲	張起鈞	文學
回首叫雲飛起	羊令野	文學
康莊有待	向陽	文學
情愛與文學	周伯乃	文學
湍流偶拾	繆天華	文學
文學之旅	蕭傳文	文學
鼓瑟集	幼柏	文學
種子落地	葉海煙	文學
文學邊緣	周玉山	文學
大陸文藝新探	周玉山	文學
累廬聲氣集	姜超嶽	文學
實用文纂	姜超嶽	文學
林下生涯	姜超嶽	文學
材與不材之間	王邦雄	文學
人生小語(一)(二)	何秀煌	文學
兒童文學	葉詠琍	文學

滄海叢刊已刊行書目(五)

書名	作者	類別
中西文學關係研究	王潤華	文學
文開隨筆	糜文開	文學
知識之劍	陳鼎環	文學
野草詞	韋瀚章	文學
李韶歌詞集	李韶	文學
石頭的研究	戴天	文學
留不住的航渡	葉維廉	文學
三十年詩	葉維廉	文學
現代散文欣賞	鄭明娳	文學
現代文學評論	亞菁	文學
三十年代作家論	姜穆	文學
當代臺灣作家論	何欣	文學
藍天白雲集	梁容若	文學
見賢集	鄭彥棻	文學
思齊集	鄭彥棻	文學
寫作是藝術	張秀亞	文學
孟武自選文集	薩孟武	文學
小說創作論	羅盤	文學
細讀現代小說	張素貞	文學
往日旋律	幼柏	文學
城市筆記	巴斯	文學
歐羅巴的蘆笛	葉維廉	文學
一個中國的海	葉維廉	文學
山外有山	李英豪	文學
現實的探索	陳銘磻編	文學
金排附	鍾延豪	文學
放鷹	吳錦發	文學
黃巢殺人八百萬	宋澤萊	文學
燈下燈	蕭蕭	文學
陽關千唱	陳煌	文學
種籽	向陽	文學
泥土的香味	彭瑞金	文學
無緣廟	陳艷秋	文學
鄉事	林清玄	文學
余忠雄的春天	鍾鐵民	文學
吳煦斌小說集	吳煦斌	文學

滄海叢刊已刊行書目㈣

書名	作者	類別
歷史圈外	朱桂	歷史
中國人的故事	夏雨人	歷史
老臺灣	陳冠學	歷史
古史地理論叢	錢穆	歷史
秦漢史	錢穆	歷史
秦漢史論稿	刑義田	歷史
我這半生	毛振翔	歷史
三生有幸	吳相湘	傳記
弘一大師傳	陳慧劍	傳記
蘇曼殊大師新傳	劉心皇	傳記
當代佛門人物	陳慧劍	傳記
孤兒心影錄	張國柱	傳記
精忠岳飛傳	李安	傳記
八十憶雙親 師友雜憶 合刊	錢穆	傳記
困勉強狷八十年	陶百川	傳記
中國歷史精神	錢穆	史學
國史新論	錢穆	史學
與西方史家論中國史學	杜維運	史學
清代史學與史家	杜維運	史學
中國文字學	潘重規	語言學
中國聲韻學	潘重規 陳紹棠	語言學
文學與音律	謝雲飛	語言學
還鄉夢的幻滅	賴景瑚	文學
葫蘆・再見	鄭明娳	文學
大地之歌	大地詩社	文學
青春	葉蟬貞	文學
比較文學的墾拓在臺灣	古添洪 陳慧樺 主編	文學
從比較神話到文學	古添洪 陳慧樺	文學
解構批評論集	廖炳惠	文學
牧場的情思	張媛媛	文學
萍踪憶語	賴景瑚	文學
讀書與生活	琦君	文學

滄海叢刊已刊行書目(三)

書名	作者	類別
不疑不懼	王洪鈞	教育
文化與教育	錢穆	教育
教育叢談	上官業佑	教育
印度文化十八篇	糜文開	社會
中華文化十二講	錢穆	社會
清代科舉	劉兆璸	社會
世界局勢與中國文化	錢穆	社會
國家論	薩孟武譯	社會
紅樓夢與中國舊家庭	薩孟武	社會
社會學與中國研究	蔡文輝	社會
我國社會的變遷與發展	朱岑樓主編	社會
開放的多元社會	楊國樞	社會
社會、文化和知識份子	葉啓政	社會
臺灣與美國社會問題	蔡文輝 蕭新煌 主編	社會
日本社會的結構	福武直 著 王世雄 譯	社會
三十年來我國人文及社會科學之回顧與展望		社會
財經文存	王作榮	經濟
財經時論	楊道淮	經濟
中國歷代政治得失	錢穆	政治
周禮的政治思想	周世輔 周文湘	政治
儒家政論衍義	薩孟武	政治
先秦政治思想史	梁啓超原著 賈馥茗標點	政治
當代中國與民主	周陽山	政治
中國現代軍事史	劉馥著 梅寅生譯	軍事
憲法論集	林紀東	法律
憲法論叢	鄭彥棻	法律
師友風義	鄭彥棻	歷史
黃帝	錢穆	歷史
歷史與人物	吳相湘	歷史
歷史與文化論叢	錢穆	歷史

滄海叢刊已刊行書目(二)

書名	作者	類別
語言哲學	劉福增	哲學
邏輯與設基法	劉福增	哲學
知識・邏輯・科學哲學	林正弘	哲學
中國管理哲學	曾仕強	哲學
老子的哲學	王邦雄	中國哲學
孔學漫談	余家菊	中國哲學
中庸誠的哲學	吳怡	中國哲學
哲學演講錄	吳怡	中國哲學
墨家的哲學方法	鐘友聯	中國哲學
韓非子的哲學	王邦雄	中國哲學
墨家哲學	蔡仁厚	中國哲學
知識、理性與生命	孫寶琛	中國哲學
逍遥的莊子	吳怡	中國哲學
中國哲學的生命和方法	吳怡	中國哲學
儒家與現代中國	韋政通	中國哲學
希臘哲學趣談	鄔昆如	西洋哲學
中世哲學趣談	鄔昆如	西洋哲學
近代哲學趣談	鄔昆如	西洋哲學
現代哲學趣談	鄔昆如	西洋哲學
現代哲學述評(一)	傅佩榮譯	西洋哲學
懷海德哲學	楊士毅	西洋哲學
思想的貧困	韋政通	思想
不以規矩不能成方圓	劉君燦	思想
佛學研究	周中一	佛學
佛學論著	周中一	佛學
現代佛學原理	鄭金德	佛學
禪話	周中一	佛學
天人之際	李杏邨	佛學
公案禪語	吳怡	佛學
佛教思想新論	楊惠南	佛學
禪學講話	芝峯法師譯	佛學
圓滿生命的實現(布施波羅蜜)	陳柏達	佛學
絶對與圓融	霍韜晦	佛學
佛學研究指南	關世謙譯	佛學
當代學人談佛教	楊惠南編	佛學

滄海叢刊已刊行書目(一)

書名	作者	類別
國父道德言論類輯	陳立夫	國父遺教
中國學術思想史論叢(一)(二)(三)(四)(五)(六)(七)(八)	錢穆	國學
現代中國學術論衡	錢穆	國學
兩漢經學今古文平議	錢穆	國學
朱子學提綱	錢穆	國學
先秦諸子繫年	錢穆	國學
先秦諸子論叢	唐端正	國學
先秦諸子論叢(續篇)	唐端正	國學
儒學傳統與文化創新	黃俊傑	國學
宋代理學三書隨劄	錢穆	國學
莊子纂箋	錢穆	國學
湖上閒思錄	錢穆	哲學
人生十論	錢穆	哲學
晚學盲言	錢穆	哲學
中國百位哲學家	黎建球	哲學
西洋百位哲學家	鄔昆如	哲學
現代存在思想家	項退結	哲學
比較哲學與文化(一)(二)	吳森	哲學
文化哲學講錄(一)(二)(三)(四)	鄔昆如	哲學
哲學淺論	張康譯	哲學
哲學十大問題	鄔昆如	哲學
哲學智慧的尋求	何秀煌	哲學
哲學的智慧與歷史的聰明	何秀煌	哲學
內心悅樂之源泉	吳經熊	哲學
從西方哲學到禪佛教 —「哲學與宗教」一集—	傅偉勳	哲學
批判的繼承與創造的發展 —「哲學與宗教」二集—	傅偉勳	哲學
愛的哲學	蘇昌美	哲學
是與非	張身華譯	哲學